月亮
The Moon
之书
360°
科普系列

献给米娅，我对她的爱甚至超过了地球到月亮的距离；
献给迈克——我们生命中耀眼的光芒。
——汉娜·潘

献给奥帕和艾拉。
——托马斯·海格布鲁克

月亮之书

[英] 汉娜·潘 ● 著
[英] 托马斯·海格布鲁克 ● 绘
高爽　李淳 ● 译

上海社会科学院出版社
SHANGHAI ACADEMY OF SOCIAL SCIENCES PRESS

目录

引子

月球堪称人类星际之旅的第一座里程碑。

——英国科幻小说家阿瑟·查尔斯·克拉克（Arthur C. Clarke）

千百年来，无垠的星空总能唤起人类的敬畏之心，一轮明月也总会引发人们无限的遐想。月亮激发了世界各地人们的灵感：从小说家、诗人、科学家，到音乐家、数学家、梦想家……

月亮在夜空万古如初，我们对它的看法却一直在变：从幻想它是一位神明，到相信月亮上有海洋，甚至植物！

在本书中，我们将探索为什么直到 21 世纪的今天，月亮仍如此令人着迷，激发着人们的种种幻想。在这段旅程中，我们会探究月亮如何影响人类生活的方方面面，还会了解与月亮相关的神话和传说，并试图将现实从虚构的故事中剥离出来。

第一章

很久很久
以前

太阳
（恒星）
月亮
（卫星）
地球
（行星）

卫星还是行星？

作为一颗卫星，我们的月球并不孤单！事实上，宇宙中有无数颗卫星，也有无数颗行星。但是卫星到底何以是卫星，行星又何以是行星呢？

虽然行星与卫星都可以由岩石和金属组成，但是有一个重要的不同将它们区别开来：

卫星围绕着行星旋转，行星围绕着恒星旋转。

为了理解这一点，我们可以想一想地球与月球和太阳（太阳是一颗恒星，或者说是一个巨大的气态球体）之间的关系。

公元前 3 世纪，古希腊天文学家阿里斯塔克（Aristarchus）提出了地球围绕太阳旋转的理论。在此之前，人们一直相信太阳、月亮和星星都是围绕着地球旋转的——那时，我们真的以为地球是宇宙万物的中心！阿里斯塔克的新观点在当时看起来十分不可思议，不过最终人们还是接受了他的理论。

渐渐地，天文学家们开始意识到，太阳虽然处在太阳系的中心，但事实上它并不是宇宙的中心。“太阳系”这个词第一次出现在英语中是在 1704 年左右。太阳系是由太阳与八大行星和它们的卫星，以及小行星、彗星和其他空间碎片共同组成的，所有这些天体都围绕着太阳旋转。

我们现在已经知道，地球每 365 天或者说一年的时间绕太阳旋转一周。

此外，感谢艾萨克·牛顿（Isaac Newton），我们还知道了月球围绕着地球旋转。17 世纪，这位英国数学家、物理学家首先提出，是引力让月球围绕着我们的星球旋转——月球每绕地球旋转一周需要 27.32 天的时间。

像地球一样古老？

月球从何而来？

月球和地球是同时从尘埃云和气体中诞生的吗？天文学家伽利略·伽利莱（Galileo Galilei）通过望远镜发现，月球上和地球一样，也有山丘和平原。所以，它们有可能是以某种方式同时形成的吗？

地球的一部分？

月球是不是从地球上甩出去的？19世纪，英国著名博物学家和地质学家查尔斯·达尔文（Charles Darwin）的儿子乔治·达尔文（George Darwin）提出，早期的地球自转速度非常快，可能导致它的一部分被甩到太空，成了月球。他认为太平洋就是这一事件在地球上留下的印记。

地心引力

20世纪50年代早期，美国科学家哈罗德·尤里（Harold Urey）猜测，月球是在太阳系的其他地方形成的，后来被地球的引力捕获。当天体被捕获后，它们的自转速度就会降低。因此，地球使月球的自转速度放缓，并使其自转与公转周期同步，这就是为什么我们永远只能看到月球的一面，而看不到它的另一面。

然而，有很多人反对这些理论。虽然月球与地球的组成物质相似，但并不完全相同。有些人提出，没有足够的地质证据证明月球曾经是地球的一部分，或与地球是同一时期形成的；另一些人则质疑月球的运动速度会降低至恰巧可以被地球的引力捕获——为什么它就没有与地球相撞呢？

大碰撞

没有人能确定究竟发生了什么，但是大多数科学家都认同月球的形成过程非常激烈。1975年，美国行星科学研究所的威廉·哈特曼（William Hartmann）和唐纳德·戴维斯（Donald Davis）提出了一套新的理论。

大约45亿年前，有一颗名叫忒伊亚的行星与地球相撞，这颗行星的大小约为地球的一半。撞击所产生的巨大能量，让大块的岩石以超高温蒸气的形式从两颗行星上飞溅而出。这些气体、岩石和尘埃被地球的引力捕获，并开始沿轨道围绕着地球旋转。随后，它们快速冷却，并最终聚成了一个球体——月球就这样诞生了。

重要的数据

月球围绕着地球夜以继日地旋转——在地球上，我们能看到它在天空中不断运动和变化……但是我们对月球真正了解多少呢？

我们知道月球的年龄大概有 45 亿岁，不过它的体积又到底有多大呢？2000 多年前，天文学家阿里斯塔克对月球通过地球阴影所用的时间进行了测定。利用这一数据，他计算出了月球的直径。虽然月球的直径大约只有地球直径的 1/4，但它却是太阳系 200 多颗天然卫星*中第 5 大的卫星。月球的平均直径约为 3476 千米，赤道周长约为 10,921 千米，表面积约为 38,000,000 平方千米。

---

*随着太阳系探索的不断深入，人类发现的卫星数量还在增加。——编者注

地球的好邻居？

虽然月球与地球是邻居，但是它们非常不同。地球非常“活跃”，其地壳板块不断运动。地壳是由板块构成的，这些板块互相挤压，形成山脉、火山，引发地震。

相反，月球却是一个死气沉沉、空气稀薄的岩石星球——上面覆盖着一层灰尘。由于没有大气或天气变化，加上绝大部分的火山已经停止喷发，流星与小行星的大规模撞击也变得比较罕见，月球表面已有大约 10 亿年都保持着相同的状态。事实上，12 位阿波罗宇航员在 1969 年到 1972 年间留在月球表面的脚印现在应该还在原地，而且可能在未来的数百万年间依然存在。

大气层

由于地球引力足够强大，它可以捕获一层厚厚的气体——大气层。大气层让地表形成了合适的压力与温度环境，使地球拥有液态的海洋。

月球的引力只有地球引力的 1/6，这使得月球上的大气非常稀薄。这就意味着，月球上绝大部分的水都会蒸发到太空。除了北极和南极周围点缀着冰之外，月球表面的其他地方都非常干燥。

月球上稀薄的大气无法抵御白天太阳辐射带来的高温，到了晚上，也无法防止月球表面的热量散失。因此，它白天的气温最高可超过 120℃，夜晚则可低于 -200℃！

是什么让我们保持双脚着地？

引力到底是什么？引力是一种看不见、摸不着，却能够使物体相互吸引的力。一个物体的质量越大，引力就越大。在地球上，正是由于引力的作用，我们才能够保持双脚着地。在外太空，引力则是让一个天体沿轨道围绕另一个天体运动的力。也正是在引力的作用下，月球才得以围绕着地球旋转。

相传，引力理论是牛顿被一个掉落的苹果砸到头之后，受到启发提出来的。他可能注意到，苹果在下落时从静止状态开始加速，而一个物体要加速，必须有一个力施加在它上面。在苹果落地的例子中，这个力便是引力。牛顿证明了把苹果拉向地面的力和让月球绕地球运行的力是同一种力。

月球

重力

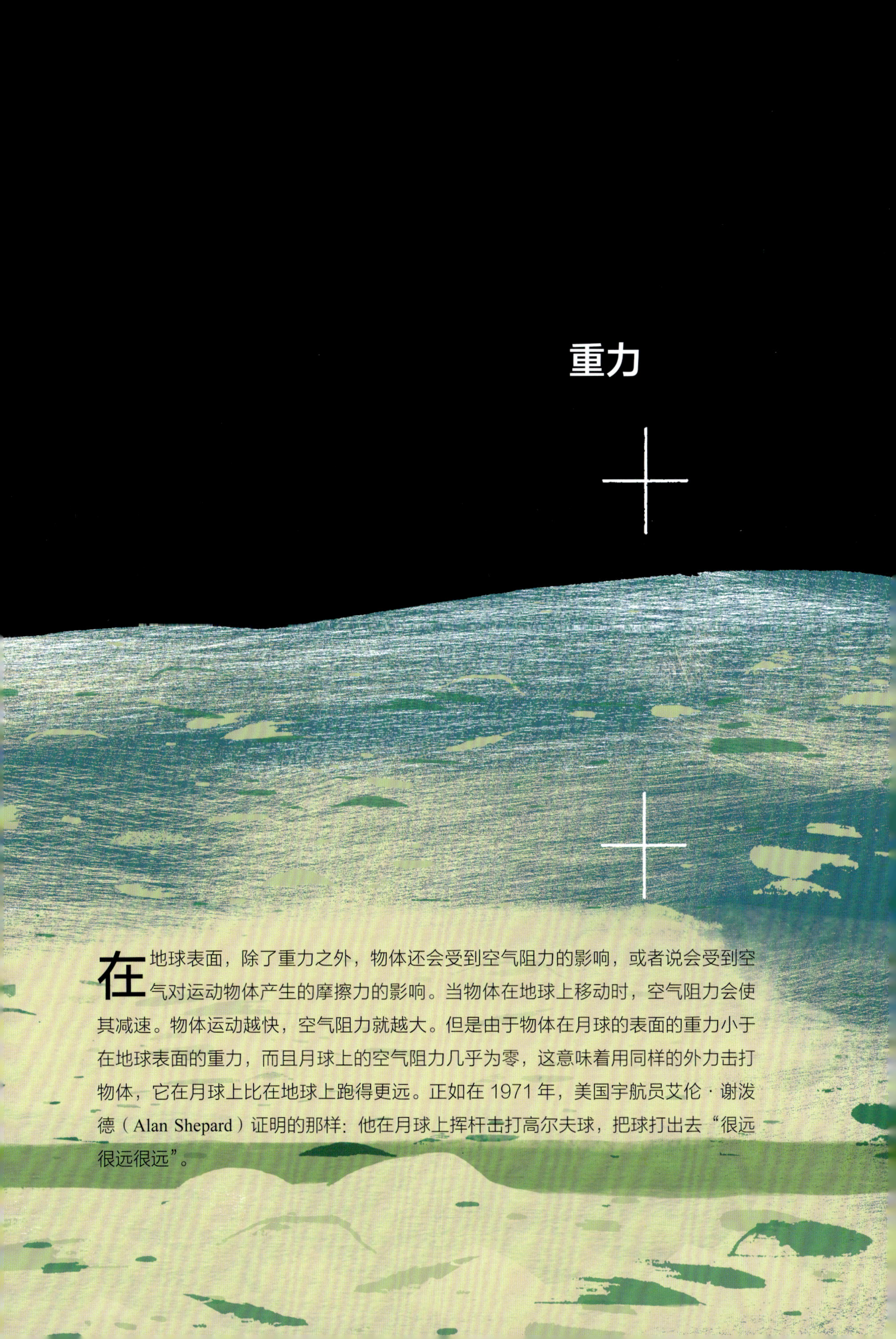

在地球表面，除了重力之外，物体还会受到空气阻力的影响，或者说会受到空气对运动物体产生的摩擦力的影响。当物体在地球上移动时，空气阻力会使其减速。物体运动越快，空气阻力就越大。但是由于物体在月球的表面的重力小于在地球表面的重力，而且月球上的空气阻力几乎为零，这意味着用同样的外力击打物体，它在月球上比在地球上跑得更远。正如在 1971 年，美国宇航员艾伦 · 谢泼德（Alan Shepard）证明的那样：他在月球上挥杆击打高尔夫球，把球打出去“很远很远很远”。

渡鸦和潮汐的由来

特林吉特人传说

很久以前，世界诞生之初，渡鸦和人类一起生活在大海边。他们以被海水冲上岸来的生物为食，但是他们不能走进大海，因为大海非常深，也没有潮汐变化。

渡鸦总是饥肠辘辘，它最喜欢做的事情就是在岸上找东西吃。随着时间的推移，人类的数量越来越多，渡鸦开始担心没有足够的食物来满足大家的需求。

不久之后，渡鸦陷入了一场沉睡。睡梦中，神对它说："渡鸦，我看到你们已经没有足够的食物了。在大海的边缘、世界的尽头，有一个山洞，山洞里住着一个老妇人，她手里掌握着控制海水起落的潮汐线。她把潮汐线抓得非常紧。如果你能设法让她放下潮汐线，海水就会落下去，你们就能到海边去找吃的了。所以，你必须想办法骗她放下潮汐线。"

渡鸦醒来后，便知道该如何做了。它飞了四天四夜，终于来到了大海边缘的山洞前。它看到老妇人坐在山洞里，手里紧紧地抓着膝盖上面的那根潮汐线。

渡鸦在山洞前趾高气扬地走来走去，揉着肚子大声说："嗯，那些蛤蜊真是太好吃了！"老妇人听到渡鸦的话，便对它喊道："渡鸦！你在哪里找到的蛤蜊？"渡鸦没有回答她，而是继续揉着肚子，吹嘘蛤蜊有多好吃。老妇人从洞里探出身子，又问道："渡鸦！你在哪里找到的蛤蜊？"

渡鸦依然没有回答她。相反，它继续在山洞前趾高气扬地走来走去，大声喊道："嗯！真希望能有更多的蛤蜊啊！"老妇人用力向前探着身子，渡鸦乘机闪电般将沙子踢到了老妇人的眼睛里。老妇人被沙子迷住了眼睛，当她试图从眼睛里揉出沙子时，松手放开了潮汐线！

海水退潮了，一部分海底露了出来。渡鸦一边往回飞，一边幻想着即将享受到的美味。人们非常高兴，还为此举行了一场盛大的庆祝宴会。

一连很多天，他们吃着大海里各种可口的食物。然而不久，可怕的事情发生了。许多来自大海的生物开始死去。它们被冲上海岸后，渐渐腐烂，散发出恶臭。人们只好又去向渡鸦求助。

于是，渡鸦又飞了四天四夜，去见山洞里的老妇人。老妇人还在揉眼睛里的沙子。"渡鸦！"她喊道，"是你吗？你骗了我！快帮我把沙子弄出来，找回潮汐线！"

渡鸦说："是的，我确实欺骗了你，让你放开了潮汐线。因为我们需要让海水退下去，好从大海中获取食物。但现在，海滩上的生物正在死亡，我们又没有吃的了。如果我帮你把沙子弄出来，你能时不时地放开潮汐线，好让我们从大海中获得食物吗？因为潮水还会再来，退潮后留下的生物也不会缺水而死亡了。"

老妇人立刻答应了。渡鸦清除了老妇人眼中的沙子，把潮汐线还给了她。从那天起，每过一段时间，老妇人就会放开潮汐线，让海水回落。人们从此可以吃上饱饭了，他们很感激渡鸦的帮助。这就是潮汐起源的故事。

对潮汐的影响

正如地球引力使月球保持在绕地轨道上运转一样，月球的引力也会影响到地球。它会使海洋向月球的方向上涨，从而产生潮汐。月球的引力会让直接面向月球的海洋向月球的方向上涨，也会让地球另一侧的海洋朝背向月球的方向上涨，这是因为月球引力将地球稍稍拉离另一侧的海洋。由于地球每 24 小时自转一周，从一边涨潮到另一边涨潮需要 12 个小时，这就意味着通常我们每天会经历两次潮起和两次潮落。

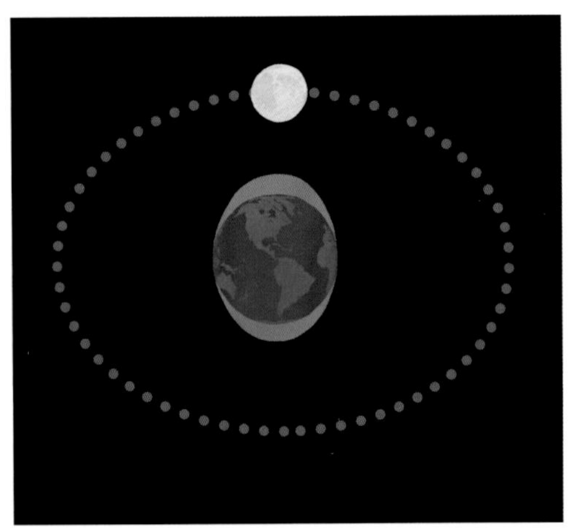

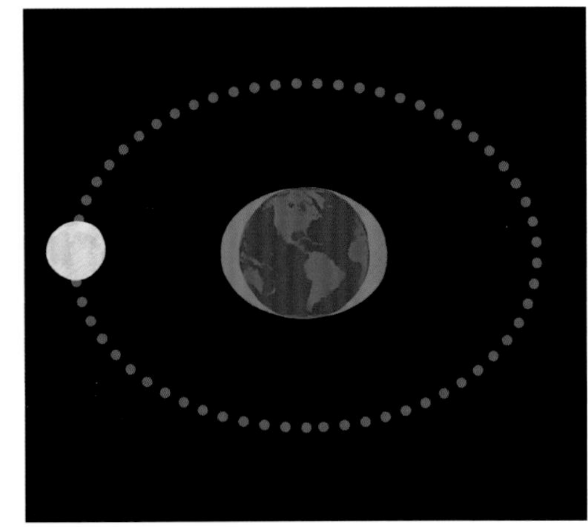

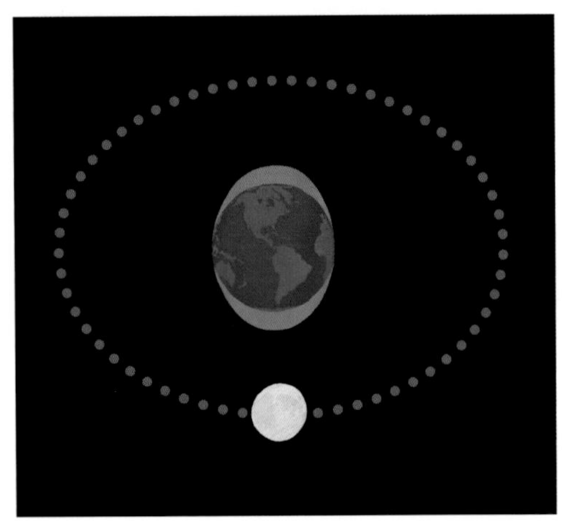

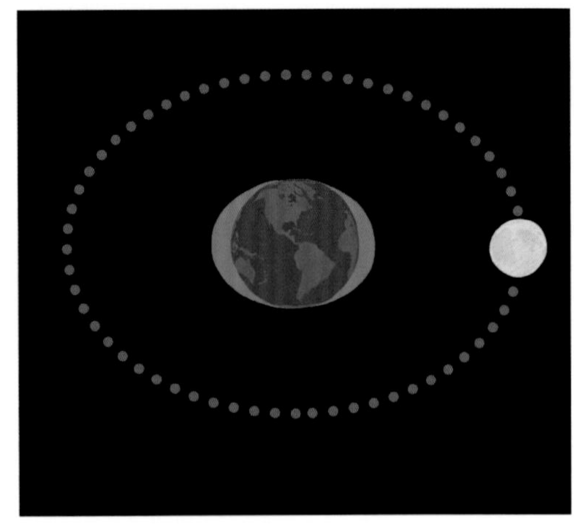

大潮，指的是海水上涨得更高，或下落得更低。跟月球一样，太阳的引力也会影响地球和地球上的海洋，只是因为距离太远，影响力没有那么大。但在新月和满月日，太阳、月球和地球排成一线，太阳的引力和月球的引力叠加，海水就会涨得更高或落得更低，形成大潮。

小潮，大约发生在大潮出现后 7 天——这时的高潮略低，而低潮略高于平均水平。此时，太阳、月球和地球的位置形成直角，它们对海洋潮汐的影响互相有所抵消。

月球与地球的平均距离大约为 384,400 千米。
月球到地球的最远距离大约为 405,500 千米，最近距离大约为 363,300 千米。

有时很近，有时很远

我们已经知道月球围绕地球旋转，但是你知道它的轨迹并不是正圆的吗？月球公转的轨迹更接近椭圆形。因此，它有时候离地球近一些，有时候离地球远一些。

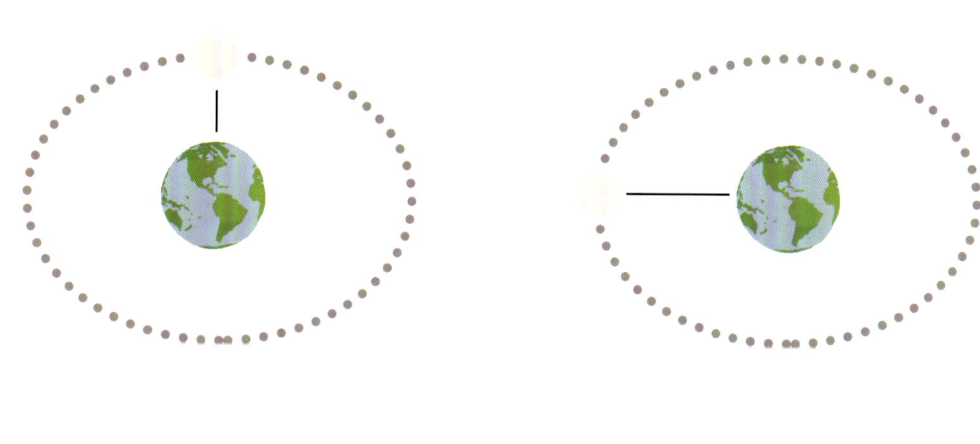

我们知道，月球围绕地球旋转一周需要地球上的 27.32 天，它完成一圈自转也需要相同的时间。它的自转周期与围绕地球公转的周期相同，这就是为什么我们永远只能看到月球的一面，而看不到它的另一面。

月球自转一周所需的时间是一个阴历月。因此，月球上的一天大约相当于地球上的一个月！

从“moone”到“moon”

“moon”（月亮）这个词实际上可以追溯到古英语单词“*mõna*”，意思是“月”——可见月球和历法之间有多么深的渊源。许多其他的语言也有与此相似的词。到了 15 世纪，说英语的人们开始把月亮称为“moon”，不过当时更常见的写法是“moone”。

照在月球上的光

直觉上，我们都倾向于认为月亮会发光。当然，月亮只是看上去在发光。实际上，月亮“发出”的光只不过是太阳光的反射光。据说，最先发现这一事实的人，是生活在公元前 510 年到公元前 428 年左右的古希腊哲学家阿那克萨哥拉（Anaxagoras）。

月亮在围绕地球运行时似乎在“改变形状”，这是因为我们平时看到的它被太阳光照射到的面积有时大一些，有时小一些。这就是“月相”，即在一个月之内可以看到的月亮的不同形状。我们在地球上看到月亮正面的面积大小，取决于它在其轨道上所处的位置。

如果你站在月球的正面看地球，也会看到地球形状的变化。和月相一样，“地相”也会从全黑到月牙状，再到正圆，然后再回到月牙状，再回到全黑，如此循环往复。不同的是，人们在月球上所看到的地球表面部分是随着地球的自转不断变化的；而在地球上，我们只能看到月球朝向我们的那一半。

月亮从一个新月到下一个新月大约需要 29.5 天的时间，这被称为朔望月。但月球绕地球旋转一周只需要 27.32 天的时间，称为恒星月。这是因为地球一刻不停地围绕着太阳运动，所以从一个新月到下一个新月，月球必须走得再稍微远一点——月亮始终在“追逐”着地球。

我们在不同的时间所看到的月面会略有不同，这是因为月亮有时会慢慢地来回摇摆，向我们展示出略微不同的角度，这被称为“月球天平动”。

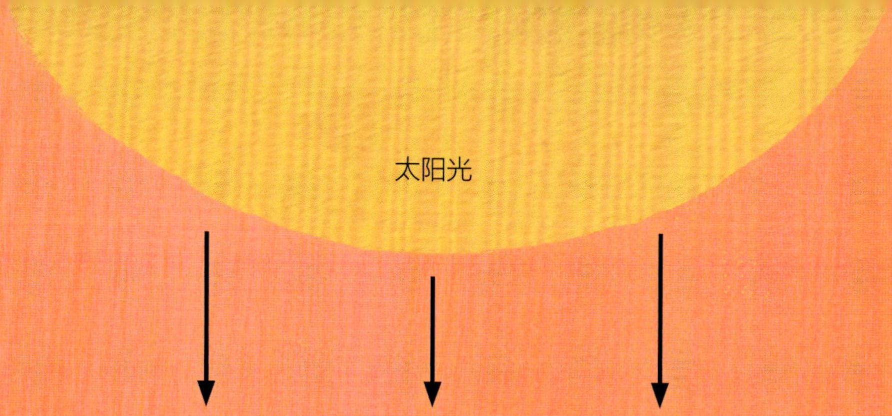

太阳光

1. 新月
此时，月球的背面朝向太阳，而它的正面则在黑暗中，因此我们从地球上看不到月亮。

2. 蛾眉月
此时，我们从地球上能够看到月球的正面逐渐显露出来，它看起来像蚕蛾须一样又细又弯。

8. 残月
此时，我们从地球上只能看到细细的月牙——它几乎消失不见。

3. 上弦月
英文名为“first quarter”（意为第一个1/4），因为此时月球在其轨道上已经完成了大约1/4的旅程。在地球上，现在我们可以看到半月。

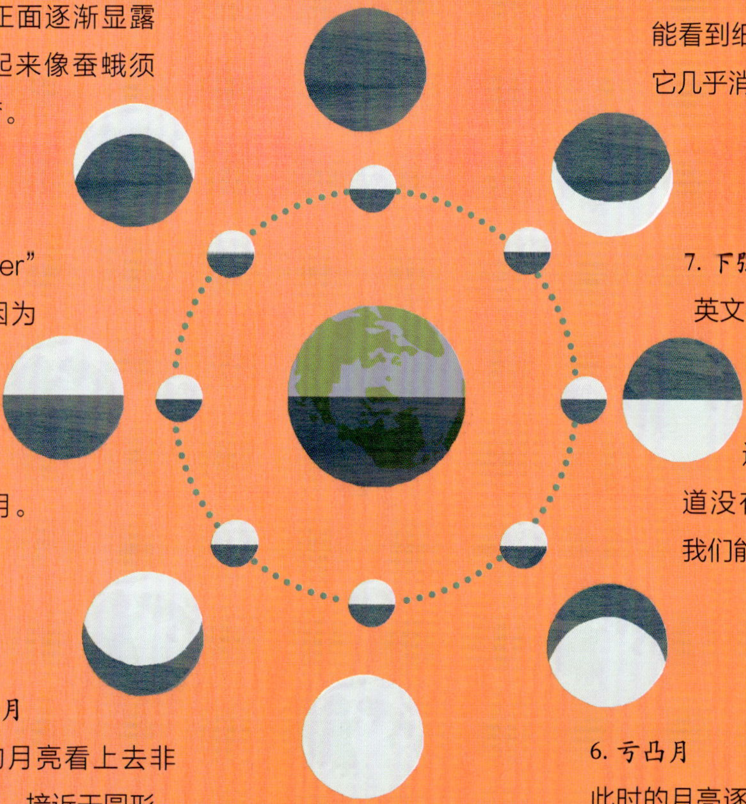

7. 下弦月
英文名为“last quarter”（意为最后一个1/4），此时的月球还剩下大约1/4的轨道没有走完。从地球上，我们能看到半月。

4. 盈凸月
此时的月亮看上去非常明亮，接近于圆形。

6. 亏凸月
此时的月亮逐渐亏缺（看起来在变小）。

5. 满月
此时，月球的正面朝向太阳。

收获季月亮

亨利 · 沃兹沃思 · 朗费罗（Henry Wadsworth Longfellow）

这是秋天的满月！

在镀金的风向标和村庄的屋顶上，

在林地的顶端和空中遗弃的巢穴上，

在孩子们卧室挂着窗帘的窗玻璃上，

在乡间的小路和收获的田野上，都笼罩着它神秘的光辉！

我们夏天的客人——鸟儿们都飞走了，

马儿奋力拉着马车，载着最后一批收获回来了！

万物都是表征：在我们的脑海里，

自然界的外在表现都有其形象，

就像花、果以及叶的凋落。

夏末，唱歌的鸟儿离开了我们，只剩空巢，

和鹌鹑在禾捆间鸣叫。

特殊的月亮

月亮大约有一半的时间是在白天的天空中穿行。我们能够在白天看到月亮，主要是因为月球围绕地球运行一周所需的时间与地球自转一周所需的时间不同。

就像日出和日落一样，月亮升起和落下的时间也每天都在变化。如果月亮在天空中的位置是固定不变的，那么，伴随地球自转一周，我们每晚都会在同一时间看到它。但事实上月球是在它自己的轨道上移动的，因此它在天空中的位置也在不断变化。

收获季月亮

我们的月亮似乎有许多变化的面孔。“收获季月亮”是指最接近秋分的满月。秋分是北半球秋天的开始*，通常在每年的 9 月 23 日前后。秋分的“分”指的是昼夜平分，也就是说那一天的白天和夜晚大致是等长的。太阳落山之时便是收获季满月升起之时，傍晚时分的明亮月光有助于农民们收割庄稼，“收获季月亮”因此而得名。

---

* 如按照中国农历，立秋是秋天的开始。——编者注

巨大的月亮

猎人月亮

10 月下旬，在北半球，你可能会看到“猎人月亮”。这个满月的名字可以追溯到北美洲原住民。他们会借着秋天明亮的月光猎鹿，以储备过冬的食物。

正因如此，猎人月亮跟举行盛宴有关。早在 18 世纪，北美洲原住民部落和一些西欧人就举办过“猎人月亮盛宴”。如今，在美国印第安纳州的西拉斐特市，每年 9 月末或 10 月初举行的猎人月亮盛宴活动复兴，成为一年一度的节日。

超级月亮

“超级月亮”是指月球每月绕地公转到达距离地球最近点时的新月或满月。这一概念是占星师理查德 · 诺勒（Richard Nolle）在 1979 年提出的。超级月亮在它最圆、最明亮的时候，非常壮观！

蓝月亮

在英语世界，人们用“ once in a blue moon”（出现蓝月亮的时候）这个短语来形容千载难逢、极为罕见的事情。夜空中，蓝月亮是一种罕见的天文现象，指在特定的时间范围内多出现了一次满月。1937 年 8 月出版的一本北美农民杂志上说:

“我们通常每年能看到 12 次满月，每个季节 3 次。但偶尔会有一年出现 13 个满月，这就意味着其中有一个季节包含 4 个满月，而不是通常的 3 个。”

虽然所谓的“蓝月亮”（多出来的那一次满月）并非真的是蓝色的，但火山爆发或火灾后的特定空气条件下，一些微粒会留在空气中，这些微粒会使月亮呈现蓝色。这种蓝月亮无疑才是非常罕见的奇观！

与月食有关的传说

古代美索不达米亚人认为月食的出现是因为月亮受到了七个恶魔的攻击。他们把这一现象视为对他们的国王的攻击，所以在月食期间，他们会找一个人做国王的替身。一旦月食结束，国王的替身就失去了存在的价值，通常会神秘地消失。

北美洲原住民胡帕人认为月亮有二十个妻子和许多宠物（比如山狮和蛇）。如果月亮没有给他的宠物足够的食物，它们便会攻击月亮，使他流血。不过月亮的妻子们会来帮助月亮清理干净身上的血迹，这样月食便会结束。

多哥和贝宁的巴塔马利巴人认为太阳和月亮陷入了一场永无休止的战争，每一次月食都是其中的一场战役，这昭示了如果任由分歧恶化会导致怎样的后果。所以，巴塔马利巴人将月食看作与他人言归于好的契机。

印加人认为月食是由美洲豹攻击月亮引起的。他们担心，美洲豹攻击完月亮之后就会落到地球上吃人。为了吓跑美洲豹，他们会制造出尽可能多的噪声，同时挥动长矛，并让他们的狗狂吠不已。

月之影

满月期间，如果太阳、地球和月球恰好排成一条直线，便会发生月食。随着地球在月球和太阳之间逐渐移动，地球的阴影会覆盖月球表面，将其变成一种诡异的暗红色，这是太阳光穿过地球大气边缘发生偏折和散射的结果。

狡猾的哥伦布

过去，人们不了解月食背后的科学原理，认为月食意味着邪恶。1504 年，探险家克里斯托弗·哥伦布（Christopher Columbus）与他的船员们在牙买加搁浅，当时他就是利用了这一点才摆脱了困境。哥伦布知道 2 月 29 日那天夜里会有一次月全食，他借此来恐吓当地人，让他们相信上帝生气了，只有帮助他，月亮才会恢复正常。

当月球从地球和太阳之间经过，有时会遮挡太阳光，并在地球表面的部分区域投下阴影，这个时候就会发生日食。月球的阴影不足以覆盖整个地球，所以只有一小部分区域（本影区）内的人们能看到日全食，而本影区外半影区内的人们则只能看到日偏食。

最早的日全食记录

在古代，太阳在白天变暗，一定是一种可怕的景象——许多人认为那是世界末日的标志。在古代中国，天文学家的工作之一就是预测日食。历史上最早的有记录的日全食发生在距今约 4000 年的夏朝仲康年间，当时的天象官由于未能预测到它的出现而招致杀身之祸！

就全球来说，日食每年可能发生 2 到 5 次。不过月食和日食加起来，一年之内可能会出现多达 7 次。

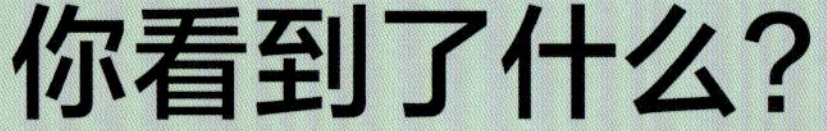

你看到了什么？

一直以来，关于月亮的传说层出不穷，但并非所有的故事都与邪恶或灾难有关。在西方世界，人们常常想象他们在月亮上看到了人；而在东方，人们则会想象在月亮上看到兔子。

看到“海洋”

我们能看到月亮表面分布着明暗不同的区域。暗区实际上是月球火山活跃期喷发的熔岩凝固后形成的熔岩床。大面积的熔岩床在拉丁语中称为“maria”，意为海洋——因为早期的天文学家误认为它们是水体。

面积较小的暗区则是布满岩石的陨石坑，它们是大型流星或小行星与月球相撞时，熔化了月球表面的一部分而形成的。其中一些陨石坑随后被火山熔岩填满，形成了我们看到的暗区。

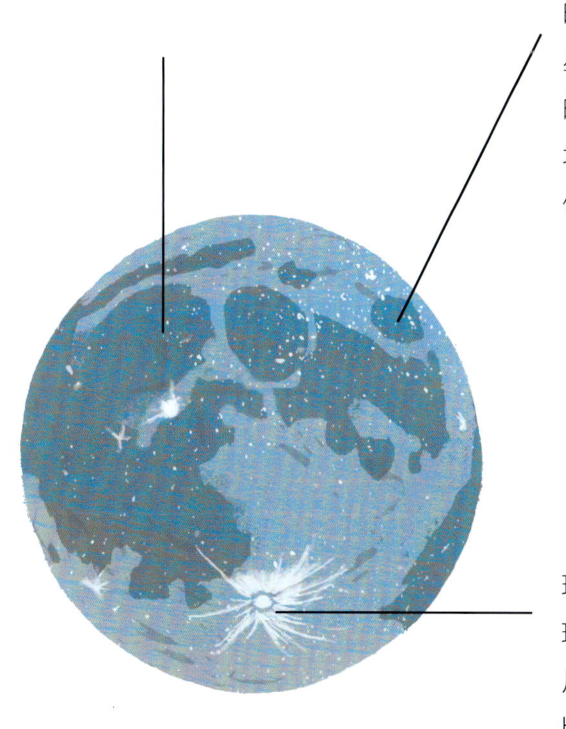

亮区是月球上的高地或山脉。月球上一共有 18 条已命名的山脉。月球的最高点被称为“塞勒涅点”，从月球表面测量，其高度为 10,786 米，比地球上海拔高度为 8848 米的珠穆朗玛峰还要高。

月球的表面

黑暗的一侧

塞勒涅点位于月球的背面。月球的背面始终背向地球，因此你永远无法在地球上看到它。月球的背面，或人们通常所说的“暗面”被布满陨石坑的高地（亮区）覆盖，与正面相比，月球背面的月海（暗区）非常少。最新的研究表明，月球形成时，由于正面接收到地球的热量更多，导致其背面比正面冷却得快，并可能因此产生了较厚的外壳。这意味着当流星或小行星撞击月球背面时，释放的火山熔岩也会比较少。

为什么我们称月球的背面为“暗面”？它与暗区或实际的黑暗无关，这里的“暗”更多的是指“未知”——在人类发射绕月航天器之前，我们从未见过这个区域。

第谷环形山

第谷环形山是从地球上观测到的最引人注目的月球环形山之一。你可以通过它周围明亮的辐射纹来辨认它。这些线条实际上是岩石颗粒的混合物，呈辐射状散开，它们是大约 1 亿年前流星或小行星撞击月球时形成的。第谷环形山以丹麦天文学家第谷·布拉赫（Tycho Brahe）的名字命名，他曾利用自己制造的仪器，精确地测量出了太阳、月亮和星星的位置。

地动山摇！

月球上有时会有月震。月震有点像地震，但是月震可以持续数小时，而不是只有几分钟。地震是由地壳板块运动引起的，月震则是昼夜温度变化、地球引力或是流星和小行星的撞击引起的。

阿波罗号登月宇航员曾把多个地震仪安置在月球上。虽然这些仪器在 1977 年被关闭了，但科学家们一直在利用它们收集的数据研究月球内部的构造。月球的背面有一层厚厚的月壳（*正面的月壳则比较薄*），月壳下面是月幔（*一层密度更高的深层岩石*），月球的中心是一个小的半熔化的铁芯，温度升高时会变成液态。

众多卫星中的一员

月球引力会引起潮汐，还有助于地轴倾角保持稳定，进而使地球上的季节不至于变得太热或太冷。那么其他卫星是如何影响它们的行星的呢？没有卫星的行星又是怎样的情况呢？

下面就让我们来看看其他行星和它们的卫星的关系，从最接近太阳的行星开始……

太阳系

水星和金星都没有卫星，即便有，卫星也不太可能会对它们的季节产生影响，因为这些行星上的温度太极端了：水星的温度最高可超过 430℃；由于没有大气层保存热量，其夜间的温度最低可降至约 -170℃。尽管金星不是离太阳最近的，但它却是太阳系中最热的行星：厚厚的大气层保存了热量，使得金星上的最高温度超过 460℃。此外，水星和金星上没有海洋，因此也没有潮汐。

水星　金星　地球　火星

为什么水星和金星都没有卫星？

太阳的引力使得水星不可能拥有卫星。任何卫星，如果离水星太近，就有可能与水星相撞；而离水星不够近，则又会被太阳捕获。

目前科学家们仍然没搞清楚金星为什么也没有卫星，但原因可能与水星相同。

八大行星接下来的是地球，然后是火星。我们知道，地球有一颗卫星——月球；而火星有两颗小卫星——火卫一（福波斯，Phobos）和火卫二（戴莫斯，Deimos）。这两颗卫星都是由美国天文学家阿萨夫·霍尔（Asaph Hall）于 1877 年发现，并以古希腊神话中的人物命名的。

这些表面凹凸不平、马铃薯状的卫星很小。其中，火卫一的大小约为 27×22×18 千米，火卫二的大小只有大约 15×12×11 千米。

月球　火卫一

火卫二

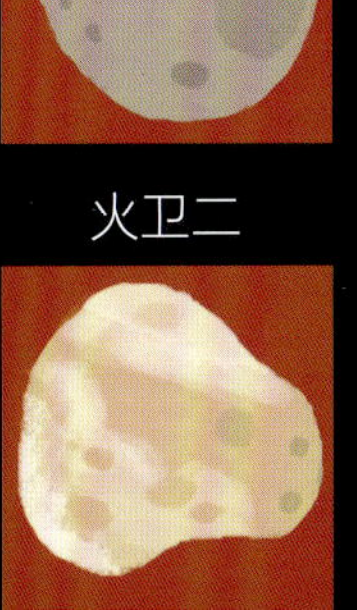

接下来是太阳系中最大的两颗行星：木星和土星。它们都有 90 颗以上的卫星。较大的行星会吸引更多的卫星，这是因为物体越大，你越靠近它，它对你的引力就越大。一旦靠近行星，卫星就会沿轨道围绕行星运行。卫星贴近行星表面的时候引力最大，但由于这个时候卫星运动得足够快，所以不会被行星的引力拉到表面上来。

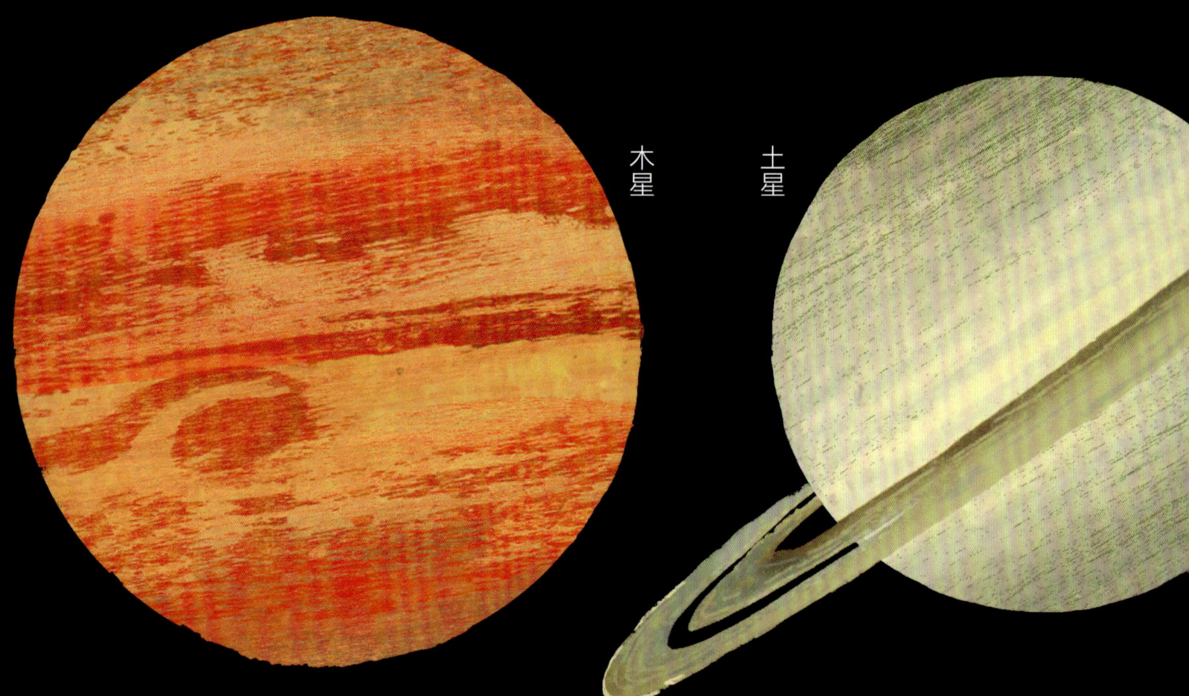

木星的 4 颗最大的卫星都被称为“伽利略卫星”，因为它们是伽利略于 1610 年首次发现的。通过双筒望远镜，人们看到的它们不过是几个微弱的光点。

木卫一（伊奥，Io）位于木星的辐射带内，有超过 400 座正在喷发的火山。

木卫二（欧罗巴，Europa）是伽利略卫星中最小的一颗卫星，它表面光滑，被冰层所覆盖。科学家认为冰层下面是巨大的海洋，可能有生命存在。

木卫三（盖尼米得，Ganymede）由岩石和冰组成，它是太阳系中最大的卫星，直径为 5268 千米。

木卫四（卡利斯托，Callisto）由几乎等量的岩石和冰构成，其表面的地质年龄十分古老，且密布着撞击留下的陨石坑。

土星有几颗“牧羊卫星”。这些卫星的“工作”是将土星环（主要由尘埃和冰粒构成）保持在原位。

“放牧”土星外环的两颗卫星被称为普罗米修斯（Prometheus）和潘多拉（Pandora）。希腊神话中，普罗米修斯从奥林匹斯山偷走火种，将它作为礼物送给了人类。潘多拉是众神为了惩罚普罗米修斯的盗窃行为而创造的第一位人间的女性。传说她打开了一个盒子，释放出了所有的祸患。

天王星有 27 颗卫星。最先被发现的天卫三（泰坦妮亚，Titania）和天卫四（奥伯龙，Oberon）是由英国天文学家威廉 · 赫歇尔（William Herschel）于 1787 年发现的，其余的大部分卫星则是 1985 年后才为人所知——有些是 1977 年发射升空的旅行者 2 号探测器发现的，有些则归功于先进的地面望远镜。

天卫三和天卫四是天王星最大的两颗卫星。天卫三曾经有一个巨大的液态海洋。当它在形成过程后期冷却下来后，海水全部结成了冰。由于冰的内部不断膨胀，导致其表面开裂，形成了一个个巨大的峡谷。天卫四由近乎等量的岩石和冰组成，颜色偏红。二者的名称——泰坦妮亚和奥伯龙都是戏剧《仲夏夜之梦》中的人物。

目前已知海王星有 16 颗卫星，其中第一颗被发现的卫星是海卫一（特里同，Triton）。特里同是希腊神话中海神的名字。海卫一是海王星最大的卫星，1846 年英国天文学家威廉 · 拉塞尔（William Lassell）在海王星被发现仅 17 天后就发现了它。

由于海王星距离地球太过遥远，在 1989 年旅行者 2 号探测器飞过海王星之前，人们对它的大部分卫星都闻所未闻。海卫一是太阳系中唯一一颗沿逆行轨道运行的大型卫星，它的公转方向与海王星自转的方向相反。有科学家认为，海卫一原本是太阳系外围的一颗矮行星，后来被海王星的引力捕获，才变成了它的卫星。海卫一正逐渐接近海王星的表面，它们有可能在大约 36 亿年后相撞。

第二章

天空之上

世界各地的月神

历史上，月亮通常与智慧和正义联系在一起。在神话中，月亮神是代表月亮的男神或女神。他们往往与太阳神有关，或是与太阳神为敌。

在有些宗教中，人们还会将大自然的周期变化以及月相和季节的循环，视为赞颂他们的宗教信仰及祭拜月亮神的良机。

露娜（Luna）是古罗马神话中的月亮女神。英语中“lunar”这个词来自拉丁语“luna”，意思是“月亮”。露娜经常被描绘成一个皮肤白皙的美丽女神，驾着一辆由两匹马或两头牛（一头黑色，一头白色）拉着的战车。在古罗马的艺术作品中，露娜经常与太阳神索尔（Sol）一起出现——他驾驶着一辆四马战车。传说太阳神的战车代表着太阳穿越四季的旅程，而月亮女神的战车则代表着月亮。每年的 3 月 31 日，古罗马人都会举行一年一度的祭拜月亮女神露娜的节日，节日上会有祈祷和动物祭祀的活动。

古希腊人将他们的月亮女神称作塞勒涅（Selene），她是神圣女神忒伊亚（Theia）的女儿。天文学家用忒伊亚命名了一颗假想中的、体积与火星相当的行星——在一种假说中，这颗行星与地球相撞，最终形成了月球。

古埃及人崇拜一个名叫托特（Thoth）的神。在艺术作品中，他往往以鹮（一种长着弯嘴的大型涉禽）头人身的形象出现。有时候，他也被描绘成一只头戴弯月头饰的狒狒。托特在埃及神话中扮演了很多角色，但他最初的身份是月亮神。古埃及人用月相来确定许多活动的时间，包括宗教仪式。因此，托特逐渐被视为智慧、魔法和度量时间的神。此外，他还是太阳神拉（Ra）的顾问——夜晚太阳神拉飞过天空时，他就站在旁边。

月读尊是日本神话和宗教中的月亮神。传说从前有位名叫伊邪那岐的神，创造了日本的许多岛屿。有一天，他在沐浴的时候，从右眼中洗出了月亮神月读尊，从左眼中洗出了太阳女神天照大神。月读尊和天照大神一起在天堂生活。一次，太阳女神让月亮神代替她去参加由食物女神保食神举办的盛宴。保食神把食物从嘴里吐出来请大家吃，这令月亮神非常反感，于是他杀死了保食神。太阳女神听到这个消息后，再也不愿意与月亮神共享同一片天空。这就是为什么白天和黑夜永远不可能在一起……

在澳大利亚土著人的神话中，有一些关于月亮神巴鲁（Bahloo）的故事。巴鲁养了三条致命的蛇当宠物。太阳女神雅伊（Yhi）被月亮神巴鲁吸引，但巴鲁拒绝了她——据说这就是太阳在天空中追逐月亮的原因。雅伊警告那些擎天的神灵，如果他们让巴鲁逃到地球上，她就让世界陷入黑暗。

印度教中有月亮神钱德拉（Chandra）的故事。钱德拉年轻俊美，他手持神杖和莲花，乘坐着由白马或羚羊拉着的战车，驶过夜空。

在印度教神话中，有很多关于钱德拉的传说。其中一个故事讲述的是，钱德拉娶了印度教创世之王达克沙（Daksha）的二十七个女儿。然而，钱德拉对其中一个妻子罗希尼（Rohini）的宠爱超过了其他妻子。她们向达克沙抱怨此事，达克沙便对钱德拉施了魔咒，使他失去了光泽并逐渐消失。钱德拉向宇宙的创造者和保护者湿婆（Shiva）祈祷，可湿婆也无法完全解除魔咒，只能让钱德拉短暂地恢复一段时间。相传，这就是月亮盈亏的原因。

汉薇（Hanwi）是苏族神话中的月亮女神。苏族是北美洲原住民部落的一支，具有深厚的灵性传统。汉薇这个名字的意思是“夜晚的太阳”，相传她会在夜晚保护她的人民，使人们免受恶魔的伤害。因此，苏族人会把月光石放在身边，向她祈求平安。

根据苏族的传说，有一次，月亮女神汉薇的丈夫——太阳神维（Wi）背叛了她，让一位名叫伊塔（Ite）的人间美女代替汉薇坐在他旁边，参加一场盛大的众神盛宴。天空之神斯堪（Skan）很生气，为了惩罚维，他带走了汉薇，让她在夜空中做月亮。他只允许维统治白天，让汉薇统治夜晚，并让她遮掩面庞，以示因受到背叛而感到丢脸。苏族人认为，这就是月相存在的原因。

嫦娥是中国的月亮女神，在中国的神话中有很多关于她的故事。传说很久以前，天空中有十个太阳，大地被烤焦，人们无法耕种。嫦娥的丈夫羿是一名弓箭手，他射下了其中的九个太阳，只留下一个为地球带来温暖和光明。

一个欣赏羿的神送给他长生不老药作为礼物。但羿的徒弟逢蒙试图偷走长生不老药。为了阻止他，嫦娥自己把药给吃了。吃完长生不老药后，嫦娥便飘上了天，一直飞到了月亮上。

基拉妈妈（Mama Killa，意为月亮妈妈）是印加神话中的月亮女神。印加人是南美洲的一个原住民部落，在 15 世纪末西班牙人发现美洲大陆之前就生活在那里。印加人用一个奇妙的故事来解释月亮上为什么有黑点。故事中说，曾经有一只狐狸爱上了月亮女神，当狐狸升到天空后，月亮女神紧紧地抱着它，最终它变成了她身上的黑色斑块。

印加人认为月食的发生是因为月亮女神基拉遭到了一只动物的攻击，导致世界陷入黑暗。每当月食发生，印加人都会试图通过投掷武器和制造声响来吓跑这只动物。西班牙人入侵之后，这个传统仍在延续。西班牙人曾利用这种观念：当印加人得知西班牙人可以预测月食时，对他们表现出了极大的尊重。

性别与语言

美国哲学家、作家查尔斯 · 马塞斯（Charles Muses）提出，在许多早期的宗教中，月亮神往往是男性，太阳神则是女性；然而随着时间的推移，从某一时期开始，男性和女性的角色似乎对调了过来。根据马塞斯的说法，早期的女祭司尊崇太阳女神。当男祭司取代女祭司之后，他们认定因为太阳光更亮（*因而也就象征更大的权力*），所以太阳必须是男性；进而，光亮较弱的月亮便被贴上了女性的标签。

长久以来，月亮催生了世界各地的许多信仰。人们在创造描述时间的语言时，也受到月亮的启发。“Monday”（星期一）这个名称来自古英语单词“*Mōnandæg*”和中古英语单词“*Monenday*”，追根溯源，它们都是从拉丁语“dies Lunae”翻译过来的，意思是“月亮日”。

在很多语言中，星期一这一天都是以“月亮”来命名的。例如，荷兰人说“Maandag”，德国人说“Montag”，日本人和韩国人借用了同一个古汉语词语“月曜日”，它们都是“月亮日”的意思。

历法

许多宗教和民族都借助月亮来安排一年的生活，这个传统从古代一直延续到了现代。无论是有文字记载还是口口相传的月亮历，都帮助人类记录了种植、捕猎或迁徙的最佳时间，还帮助人们管理宗教仪式，指导他们何时祭拜神灵。

月亮历的问题在于，它往往忽视太阳的位置和大约 365 天一个周期的太阳年；如果按照 29.5 天的朔望月周期来划分一年，每隔一段时间就会产生很大的偏差。在实际的历法中，必须通过添加额外的天数或月数来解决这一问题，这叫置闰。每四年出现一次闰年（*也就是 2 月增加到 29 天*）便是很好的例证。

中国传统的农历同时考虑了月相和太阳的运动——它是一种阴阳历。在农历中，一年通常有 12 个月。不过，大约每三年会有一个闰年，闰年有 13 个月。最早的中国历法可以追溯到至少公元前 14 世纪——现存的商代占卜甲骨上，刻有表示季节和月相的文字。

历史上，许多月亮历都会根据需要，在适当的年份增加额外的月份，比如巴比伦历。巴比伦历也是一种阴阳历，通常由 12 个阴历月组成（*额外增加闰月的年份除外*）。当新月出现在地平线上的时候，就是每个月的开始。巴比伦历的前身可以追溯到公元前 21 世纪。

月亮和时钟

月亮还启发了钟表匠。天文钟不仅可以告诉人们时间，还可以显示太阳、月亮和星星的位置。捷克首都布拉格的天文钟就是一个很好的例子。布拉格天文钟是 1410 年建造的，是世界上第三古老的天文钟，也是目前仍在使用的最古老的天文钟。它的一根指针上装有代表月球的圆球，用以显示月球与地球当前的位置关系。这个圆球甚至会与实际月相同步改变形状——它通过齿轮与配重相连接，重物轻轻推动圆球逐渐改变“月相”。

有人认为，位于英格兰威尔特郡的史前巨石阵，可能曾是一个大型的石制历书。考古学家认为，它大约建于新石器时代晚期。我们还不了解当时人们建造它的全部目的，但曾有研究表明，它的功能可能是一种阴阳历。

巨石阵可能被用于指导古代社会的人们按季节安排农事。有一种说法认为，这些巨石和周围的坑洞在当时能用来显示日期和月相，甚至预测日食和月食。

在中国农历中，新的一年开始的时间一般在公历的 1 月末到 2 月初。中国人利用农历来确定重要节日的时间，如春节等。你知道每年秋天都有一个专门献给月亮的节日吗？中秋节是中国以及其他一些东亚国家人民庆祝丰收的节日——在农历八月十五满月这一天。

关于中秋节的起源，观点较多。其中一说是，中秋节原本是一个庆祝丰收的节日。

有些民族将月亮与新生联系在一起。在一个古老的壮族神话中，星星是太阳和月亮的孩子。当月亮怀孕时，它就变成了圆形；分娩后，就变成了弯月形。因此，妇女会在中秋节这一天祭拜月亮。

今天，中秋节是中国人与亲朋欢聚，庆祝团圆的日子。节日活动包括赏月、玩花灯和吃月饼等。

注重个人精神成长的佛教是许多亚洲国家的主要宗教，它也遵循月亮历。佛教是由佛陀释迦牟尼创立的，他在 29 岁（一说 19 岁）那年出家寻求开悟。

佛教最重要的节日之一是卫塞节，它是南传佛教庆祝佛陀诞生、成道和涅槃的节日。这个节日的时间是每年 5 月的第一个满月之日，因为人们相信这三件事都发生在这一天。每逢卫塞节，佛教徒会前往寺庙参与浴佛、献花、献果、供僧等活动。

复活节是基督徒庆祝耶稣基督复活的日子。在西方基督教中，复活节是每年春分或其后首个满月后的第一个星期日。由于满月并不总是出现在每年公历的同一天，这就意味着复活节可能是 3 月 22 日至 4 月 25 日期间的任何一天。

伊斯兰教的历法也是月亮历，因此每年斋月——穆斯林祈祷和斋戒的日子——都在公历的不同时间。斋月从新月开始，到下一个新月结束。

符号和标识

当真实的月亮在地球上空俯瞰我们的时候，月亮的符号也早已悄然进入我们的日常生活。

巴基斯坦国旗

众所周知，新月和星星组成的图案是伊斯兰教的象征符号。很多伊斯兰国家的国旗上都有这样的标识。然而，在伊斯兰教出现之前，新月和星星的图案可能已经被使用了上千年——人们用它来祭拜太阳、月亮和天空诸神。

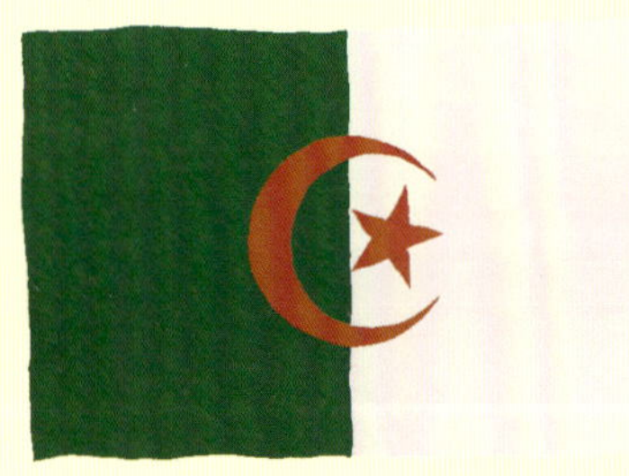

阿尔及利亚国旗

直到奥斯曼帝国成立后，星月图案才开始与穆斯林联系在一起。土耳其人 1453 年攻占君士坦丁堡（今天的伊斯坦布尔）的时候，他们采用了该城市已有的新月旗帜。数百年间，奥斯曼帝国一直统治着伊斯兰世界，这个符号最终慢慢渗透到穆斯林的生活中。

依照传统，在耶稣受难日那天人们会吃十字面包。人们普遍认为面包上的十字符号代表耶稣受难的十字架，而实际上，十字面包可以追溯到更久之前……

据考证，十字面包的诞生也许跟亚述人和巴比伦人祭拜神灵的习俗有关。许多其他文化也会向他们自己的月亮神敬献面包或蛋糕，比如，埃及人用以牛角（象征弯月）装饰的蛋糕，古希腊人用十字取代了牛角，而罗马人也吃这样的糕点来祭拜他们自己的月亮女神。而将十字面包与复活节联系在一起的可能是盎格鲁 - 撒克逊人，他们将十字面包作为供品献给他们的春天女神伊奥斯特（Eostre）。

在中国的太极图中，阴的部分（黑色带有白点的一侧）通常代表黑暗和寒冷；而阳的部分（白色带有黑点的一侧）则通常代表光和热。

在中国的哲学中，人们使用太极图来表达平衡的理念。它强调我们必须了解自身的感受，并根据需要做出必要的改变，从而达到更平衡的状态。

绝大多数的传统塔罗牌都包含一张月亮牌——这张牌象征直觉、梦和无意识。它的画面讲述的是，一只龙虾（象征被算命的人）从水（代表我们的潜意识）中爬出来，踏上了一段在最黑暗的夜晚行进的重要旅程。

一路上，代表清晰思维的月光，引导我们向着最高的目标前进，同时克服各种干扰，战胜各种挑战：包括一只狗，冲着我们叫，让我们去“做对的事”；还有一匹狼，咆哮着让我们“狂野起来”。

古人不但建造了石碑等来追踪太阳和月亮的运动，还制造了更像是一种便携式工具的内布拉星盘：这个直径 30 厘米的青铜圆盘上镶嵌着黄金制成的代表太阳、月亮和星星的符号。此盘是 20 世纪最重要的考古发现之一，因为它展示了古代历史上的夜空图景。据研究，这个星盘的制造时间可追溯到公元前 1600 年，人们在德国内布拉市郊的森林中发现了它。考古学家认为它来自青铜器时代。它还一度流入非法市场，标价高达 100 万德国马克！

满月别称

你知道吗？北美洲原住民部落常常为一年中的每一个满月都起一个特别的名字，用以记录季节的变化。

1月：狼月

狼月出现在1月，因为此时树林会被厚厚的积雪覆盖，饥饿的狼群会在村外嚎叫。有些部落将1月的满月称为雪月，但雪月这个词更多被用来命名2月的满月。

2月：雪月

2月往往是一年中下雪最多的月份，因此人们用雪月命名2月的满月。在那些将这个名字用于1月的部落中，由于恶劣的狩猎条件，他们把2月的满月命名为饥饿月。

3月：蚯蚓月

随着冰雪融化，蚯蚓再次钻出地面。早春的迹象使这个月的满月拥有很多不同的名字:乌鸦开始鸣叫，因此叫乌鸦月；雪解冻之后再次结冻，形成了坚硬的外壳，因此叫雪壳月；3月是采集枫树树液的时间，因此又叫树液月。

4月：粉红月

4月，许多粉红色的花朵开始绽放，嫩绿的小草开始生长。这个月的满月还有其他名字，如新草月和虫卵月，其灵感都来自春天的迹象。

5月：鲜花月

更多的鲜花在5月绽放，人们开始种植玉米，同时，牛羊尽情在牧场上吃草，产出大量的奶。因此，这个月的满月也被称为玉米种植月和奶月。

6月：草莓月

这个季节，人们开始采摘草莓。草莓月是少数几个被所有阿尔冈昆部落都使用的名称之一。

在北美，最广为人知的满月别称来自阿尔冈昆部落。阿尔冈昆人居住在渥太华河流域，西邻苏必利尔湖。后来定居在北美洲的欧洲人沿用了其中很多名称，下面列出的是其中最常见的一部分。

7 月：雄鹿月

每年，雄鹿的鹿角都会脱落，在第二年的 7 月又会长出新的来，7 月的满月因此被称作雄鹿月。新英格兰的夏季风暴使这个月的满月又被命名为雷霆月。此外，一些部落因在 7 月收获干草，故又将该月的满月命名为干草月。

8 月：鲟鱼月

以鲟鱼命名 8 月的满月，是因为此时人们经常能在五大湖捕获到这种大型鱼类。这个满月又被称作红月，因为当它在朦胧的天空中升起时会呈现红色。有时它还会出现在人们收获玉米的时节，所以它还被称为青玉米月或谷物月。

9 月：收获月

阿尔冈昆部落的人们此时已准备收获他们的主要农作物，如玉米、南瓜、豆类和大米等。收获月的月光非常明亮，农民们可以借助月光工作到深夜，收获他们的庄稼。有时，这个满月还被称为玉米月。

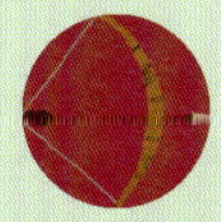

10 月：猎人月

庄稼收割后，树叶便开始掉落。在猎人月的月光照耀下，猎人更容易发现那些在林地漫游的肥硕野鹿。

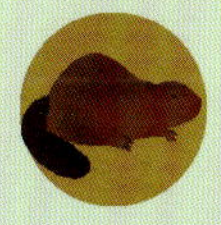

11 月：海狸月

之所以将 11 月的满月命名为海狸月，有人说是因为每年的这个时候，北美洲原住民会设置陷阱来捕猎海狸——海狸的皮毛可以做成冬衣御寒。也有人说，是因为海狸会在每年的这个月忙着建造它们的冬季水坝。

12 月：寒月

这个满月以冬天的寒冷而得名。它有时被称为长夜月，因为冬夜的延长，月亮在地平线之上的时间比这一年的任何时候都更长。基督徒们经常使用的名字是“Moon before Yule”，意思是圣诞节前的月亮。

第三章

神秘的月亮神话

月亮上的人

北半球西部地区的人们常常认为他们可以在月亮上看到人的脸、头或身体的形象。实际上，他们所看到的是月球表面上的月海（暗区），以及高地或山脉（亮区）。

基督教传说中有一个背着木柴的男人，他因为犯罪被发配到了月亮上，永世不得返回地球。据说这个故事的灵感来自《圣经》：以色列人在安息日发现了一个捡柴的男人。因为这一天本该是休息日，他却不休息，于是上帝惩罚他，判处他死刑。

德国也有类似的故事——一位老人在星期日捡柴。一个陌生人对他说，因为不重视地球上的星期日，他必须到天上去度过无尽的“月亮日”，以此警告所有破坏安息日规则的人们。他有两个选择，要么在太阳上忍受炙烤，要么去月亮上挨冻——他选择了后者。相传我们可以在满月之时，在月亮上看到这个背着木柴的老人。

在海达人（生活在加拿大太平洋沿岸的北美洲原住民）的神话中，捡柴的是一个男孩。故事中，男孩的父亲告诉他，月亮会在他捡柴的时候为他照明。但懒惰的男孩拒绝干活，还取笑月亮。作为惩罚，他被带离地球，囚禁在月亮上。

在德国叙尔特岛上有一个叫兰图姆的小村庄，当地流传着这样一个传说：月亮上有一个巨人，控制着地球上的潮汐——他把水倾倒到地球上制造高潮，然后在潮水退去时休息。

还有一个古老的德国故事讲的是一个在安息日制作黄油的女人，她也因此被放逐到月亮上。传说她至今仍然在那里，手里还拿着一个黄油缸。

在 13 世纪的北欧神话中，月亮掳走了一个男孩和一个女孩——当时两个孩子正在从井里打水。据说你可以在月亮上看到这两个孩子，他们一起抬着一桶水。

月亮上的兔子

世界上有些地方的人们认为他们在月亮上看到了“人”，而在亚洲和美洲，人们看到的是“兔子”——这又为许多故事带来了灵感。

在中国的神话中，月兔是月亮女神嫦娥的同伴，它手里拿着玉杵，帮嫦娥捣长生不老药。传说它和一只蟾蜍一起生活在月亮上。

月兔的传说在日本和韩国也很流行。不过在他们的故事里，月兔捣的不是长生不老药，而是年糕。

日本和韩国也有庆祝中秋节的习俗。跟在中国一样，人们也会在中秋节这天聚在一起赏月，孩子们还会唱一首有关月兔的童谣。

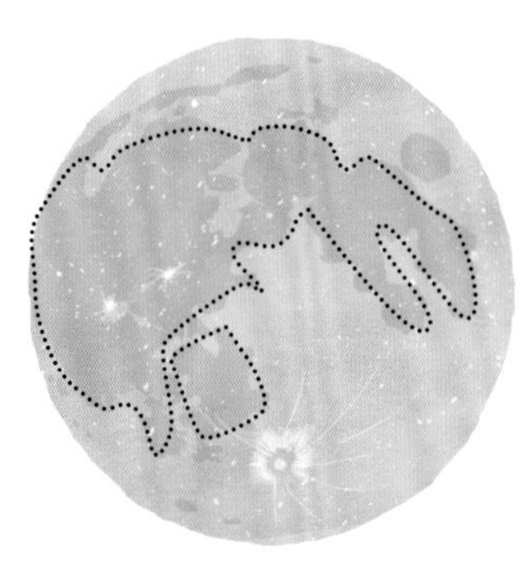

在美国、加拿大和墨西哥的一些原住民部落中，也有关于月兔的故事。阿兹特克人相信羽蛇神曾经跟人一样生活在地球上。有一个故事讲述的是，羽蛇神进行了一次伟大旅程，在旅途中，他吃光了所有食物。后来月兔发现了羽蛇神，为了挽救他的生命，月兔决定把自己当作食物献给他。兔子的无私之举感动了羽蛇神，于是他把兔子带到月亮上，又把它带回了地球。羽蛇神告诉兔子，所有人都将铭记它的样子，因为它的形象已经留在月亮上了。

在非洲，也有一个关于月亮和兔子的神话。故事中，月亮希望向地球上的人类传递一个信息：人们也会像月有圆缺一样死而复生。但由于传达信息的兔子表述不清，最终所有人都变成了死后不能复活的凡人。

克里人是北美洲最大的原住民部落之一，他们之中流传着一个故事：一只兔子想去月亮上，只有鹤愿意带它去。在飞行的过程中，鹤的腿不断被拉长——据说这就是今天的鹤有两条大长腿的原因。故事中还说，兔子用一只流血的爪子摸了一下鹤的头部，鹤的头上因此有了一个红色的印记。这个印记是兔子对它的奖励。

一个阴暗的角色

虽然月亮一直是许多人的慰藉之源，但也有一些人对它怀有负面的看法，甚至把它与死亡联系在一起……

误读月相

考古学家调查了中石器时代的尖峰顶洞穴遗址（位于南非海岸上的一个小岬角）后，认为当时的人类在海岸边安家是因为在干燥的内陆生存太困难。他们以伴随大潮而来的贝类为食，可能还通过研究月相来判断大潮的低潮时间。而那些误读了月相，在高潮时出去赶海的人，很可能被淹死了……

光明与黑暗

在印度教文化中，黑暗是死亡的象征。而月亮则代表着生死轮回，因为它在光明与黑暗之间有规律地变换。

失落的灵魂

早期印度教徒认为死者的灵魂会回到月亮上以获得重生。《薄伽梵歌》（约成书于公元前5世纪到公元前2世纪的印度教经典）描述了灵魂死后可能会经历的两条路：一条是通往太阳的路，这条路上的灵魂永远不会返回；另一条是通往月亮的路，这条路上的灵魂一定会返回。

食人者

毛利人认为月亮是死亡的原因，并称之为“食人魔希娜”。古代的鞑靼人则认为有一个吞噬人类的巨人住在月亮上！

抑或是一个受害者?

虽然在一些神话传说中月亮带有一种邪恶的气质，但也有一些故事中的月亮更像是一个受害者。

埃菲克－伊比比奥人（生活在西非尼日利亚的最大部落之一）有一个关于洪水的神话。太阳和月亮夫妇邀请他们的朋友洪水来地球做客，但洪水拒绝了邀请，因为他们的房子太小了。

于是，太阳和月亮建造了一座像宫殿一样大的房子，并再次向洪水发出邀请。洪水这次终于答应来做客，他很快就上涨至房椽的高度，太阳和月亮被迫爬到了屋顶上。洪水继续上涨，一直淹没了房顶，可怜的太阳和月亮不得不跃上天空……

在非洲中部和南部的土著人之中流传着这样一个神话：相传，太阳和月亮属于同一个部落。在太阳和月亮还是孩了的时候，有 天他们 起去放牛，在谁的牛应该先去河中饮水这个问题上，他们产生了分歧。两人争执不休，并且扭打起来。月亮把太阳推到泥里，太阳不甘示弱，也把月亮推到泥里。

太阳对月亮说，现在他们扯平了，并要求月亮帮他洗去身上的污泥。月亮照做了，太阳又变得明亮起来；但是接着，太阳却拒绝为月亮洗去污泥。暗淡的月亮对自己的外表感到很难为情，因此她白天躲起来，只在晚上才出现在天空。

狐狸和狼

寓言一则

从前，有一只贪婪的狼住在森林里。一天晚上，它遇到了一只狐狸。狼饥肠辘辘，盯着狐狸看。狡猾的狐狸想出了一条计策，它对狼说：“跟我来，保证让你想吃多少吃多少。”狐狸把狼带到湖边，指着月亮的倒影说：“看看那奶酪饼，多美味！”狼舔舔嘴唇，然后开始舔水。它喝的水越来越多，也变得越来越胖，最后砰的一声爆炸了！

第四章

月球和我们的身体

对人类身体的影响

你知道吗？人体内的水分占体重的一半以上，就连我们的骨骼里也有水！

月球能否在我们的身体内引起“潮汐”？

我们知道，月球和太阳的引力会拉动地球上的海水，引起潮汐。这种引力非常强，甚至能够拉动地球的地壳，这被称为地球潮。

海洋潮汐的发生是因为月球和地球的质量都很大，因此在两者之间产生了巨大的引力。

地球上每天有两次高潮和两次低潮，发生在地球的两侧。然而，目前还没有任何证据表明，月球的引力会影响我们身体里的水。或许是因为我们身体内的“潮汐”太小，难以检测？就像虽然湖泊也有潮汐，但因为幅度太小，所以我们注意不到它的存在。

女性的生育能力

有些人认为，月亮会影响女性受孕。历史上，许多文化都将月相与女性的生育能力联系在一起，这被称为“月球效应”，即随着月相的变化，生物的身体和行为所发生的改变。

这样的说法真的可信吗？我们对此还没有太多研究，现有的绝大多数信息都来自女性的个人经验。不过，女性在满月期间更容易怀孕的传闻已经存在了几个世纪。

古罗马人就信奉这一说法，因此他们的月亮女神也是生育女神：狄安娜（Diana）是古罗马神话中掌管狩猎和野兽的女神，她后来接替露娜成为月亮女神，掌管生育和分娩。

在满月那天出生的孩子更多吗？

你或许听说过，在满月之夜出生的孩子要比平时出生的多。但是，多年以来，研究人员几乎没有找到能够证实这一说法的任何证据。

2001 年，天文学家、物理学家丹尼尔 · 卡顿（Daniel Caton）利用美国全国健康状况统计中心 20 年间的数据进行了一项研究，发现满月和婴儿出生之间没有关联。这是他在分析了 7000 万份分娩报告后得出的结论！

睡眠、手术和癫痫发作

瑞士巴塞尔大学在2000年进行的一项研究表明，月亮可能会影响我们的睡眠。

实验过程历时3天半，共有33人参与了测试。受试者每晚在完全黑暗的实验室中睡觉，他们对研究人员将考察月相是否会影响睡眠并不知情。最终的研究结果表明，满月时人们的平均睡眠时间减少了20分钟。

研究还显示，在满月之夜，他们需要比平时多花5分钟的时间才能入睡，深度睡眠时间也比平时减少了30%。

所以，满月真的会降低睡眠质量吗？

似乎是有可能的，不是吗？有趣的是，研究表明，满月对睡眠的影响，实际上可能与入睡前照射在我们身上的月光增加有关。

如果满月有可能影响睡眠，它是否也会影响其他事情——比如手术成功的概率？据说，过去的外科医生在满月时会拒绝给病人做手术。他们认为患者在这段时间内失血更多，会增加死亡风险。

然而……

2013 年，医学期刊《交互式心胸外科》上刊载了一篇论文，文章内容基于美国罗德岛医院的一项研究。研究人员发现，在满月由盈转亏期间接受紧急心脏手术的患者，死亡的可能性相对较小；此外，与在其他月相期间进行手术的患者相比，那些在满月时接受相同手术的患者的平均住院时间缩短了 4 天。

虽然对于满月是否会影响手术结果尚无定论，但有些人认为，癫痫发作可能与月亮有关。癫痫发作时，患者的身体会无法控制地痉挛。人类曾经把癫痫归咎于巫术或恶魔附体——由于医学研究尚未成熟，当时的人试图为这种情况找到一个神秘主义的解释。

真相究竟是什么？

20 世纪末期，伦敦大学学院的神经学研究所进行了一项研究：他们整理分析了一个癫痫病区保存的病人发作时间记录。

研究表明，当月亮最亮的时候，癫痫发作的次数相对较少。专家认为，褪黑素可能是癫痫发作的真正原因。褪黑素是人体内的一种激素，能够帮助我们调节昼夜节律。

第五章

月球和我们的行为

月相与人类的疯狂行为

英语中，“lunacy”（精神失常）和“moonstruck”（发狂的）这两个词都用来形容人们可能表现出的行为怪异的状态。事实上，“lunatic”（疯子）这个词源自拉丁语“luna”（月亮）——因为人们曾经相信月亮的变化会引发精神错乱。

那么，有人研究过月相与人类行为之间的关系吗？他们的结论又真的可靠吗？

美国企业家盖伊·克拉默（Guy Cramer）对此做过研究。他声称，满月可能影响了2000年美国总统选举时投票人的行为。怎样影响的呢？他认为大气中的阳离子和阴离子（带正电荷或负电荷的分子）与月球有着直接的关系：满月时，阳离子的数量会增加。

克拉默对大气中阴阳离子的数量和人们对选举候选人的看法进行了统计，他注意到在11月7日大选前四周发生的一些事情：

在阴离子浓度较高的时间段里，参与投票的公众更倾向于支持共和党的乔治·W. 布什（George W. Bush，他随后当选美国第43任总统）。根据克拉默的说法，这段时间公众表现得很平静，而且思维清晰。而在满月期间，也就是阳离子浓度较高的时间段，人们似乎会比较紧张，并感到“心情不佳”——这时他们会支持民主党候选人阿尔·戈尔（Al Gore）。

克拉默相信满月所导致的阳离子浓度升高，会令人们的行为异常。但毫无疑问，阿尔·戈尔的支持者对哪一群人“思维清晰”持不同意见……

满月还会对人类行为产生其他影响吗？例如满月期间，人们会不会不太愿意在诸如股票交易之类的事情上冒险，从而导致投资利润偏低？

美国密歇根大学商学院的伊利亚 · D. 迪切夫（Ilia D. Dichev）和特洛伊 · D. 简斯（Troy D. Janes）似乎是这样认为的。他们对 20 多个证券交易所进行了超过 30 年的跟踪研究，结果显示，月相与股票价格之间存在着密切的联系。

2003 年，发布在《私募股权杂志》上的一张图表列出了几个 G7 国家（包括美国、英国和日本等）证券交易所的每日利润。数据表明，新月前后的利润高于满月期间。

在紧急服务部门工作的人，例如警察、医生和护士，经常说他们在满月之夜工作更忙。这些夜晚发生的紧急情况会更多吗？人们对此做了许多研究，但没有确凿的证据能证明这一点。

也许这一切都与统计学有关，而无关乎神经错乱。美丽的满月可能会吸引更多的人夜晚出门，或者满月之夜格外明亮的月光，有助于犯罪分子实施犯罪。谁知道呢？但如果在满月之夜存在哪怕稍微多一点的人类活动，就有可能导致犯罪、事故和伤害的小幅增加。

也许是因为满月的月光太过明亮，导致睡眠时间缩短——睡眠不足的情况下，人们更容易做出不明智的决定。也可能是因为，当满月之夜有奇怪的事情发生时，人们会注意到满月；而当其他月相的夜晚有奇怪的事情发生时，人们并不会留意夜空中的月亮。

月相与动物的行为

不只人类的行为可能受到月相的影响。有研究表明，满月期间兽医急诊室接待的宠物也比平时要多。这是不是意味着，动物在满月之夜也会行为异常？

对于一些动物来说，满月意味着新的开始。在澳大利亚的大堡礁，每年春天，都会有成千上万的珊瑚将它们的卵子和精子排到水中，那场面看起来就像一场彩色暴风雪！

科学家们说，珊瑚能判断何时满月，要归功于它们携带的一种古老的基因。这种基因能帮助它们感知照进水里的月光。大堡礁的这些珊瑚会根据月相周期，在大约同一时间段释放卵子和精子，从而提高繁殖成功的概率。

在紧邻澳大利亚大陆西北部的圣诞岛，则会上演另外一场“水下结合”。

每年雨季的同一时间，数百万只红蟹（*Gecarcoidea natalis*）会从森林爬到岸边繁殖，将卵产到海里。它们迁徙的时间与月相有关。最重要的是，雌蟹要在下弦月期间涨潮时将卵产到海里。这段时间通常是小潮——此时高潮和低潮之间的差异最小，雌蟹到水边产卵会比较安全，幼蟹也不会随着潮水漂到离岛太远的大海中去。

许多海洋生物的繁殖周期都会受到月光和潮汐的影响，而这二者又都与月相有关。

有一种摇蚊（*Clunio marinus*）生活在欧洲大西洋海岸的潮间带（大潮的高潮线与低潮线之间的海岸地带）。因为成虫只能存活几个小时，所以它们必须在这段时间内进行繁殖。它们只会在潮水退到最低时繁殖，通常是在新月和满月前后的大潮期间。

为了把握好繁殖时间，这些摇蚊的体内有两个“时钟”：一个是根据太阳设定的日时钟，另一个是根据月亮设定的月时钟。但是，在不同的地点，低潮出现的时间是不同的。所以摇蚊必须根据当时所处的位置来“设置”它们的钟。研究表明，这种生物体内的一种蛋白质可能会帮助它们根据环境来调节时钟。

帕罗罗虫（*Palola viridis*）生活在萨摩亚周围的太平洋岛屿水域，它们只在下弦月期间繁殖。在春季或初夏的几个晚上，成千上万的帕罗罗虫会舍掉它们的尾节！

帕罗罗虫大部分时间都在浅水中挖洞。产卵之前，它们开始长出尾节，里面充满了精子或卵子（取决于它们是雄性还是雌性）。这些尾节上还有一个可以探测到月光的小区域，称为“眼点”。

当月相合适时，帕罗罗虫的尾节便会脱落，这些尾节会浮上水面。为了一年一度的产卵，帕罗罗虫每年都会长出新的尾节。

对当地人来说，帕罗罗虫的尾节是一种稀有的美味，可以煮着吃、煎着吃或生吃。但是人们必须在卵子和精子结合前迅速捕捞它们，因为受精卵会很快发育成幼虫，并漂流到海底长成成虫。

月相不只跟海中的繁殖有关，还能够帮助一些动物找到食物或者猎物。

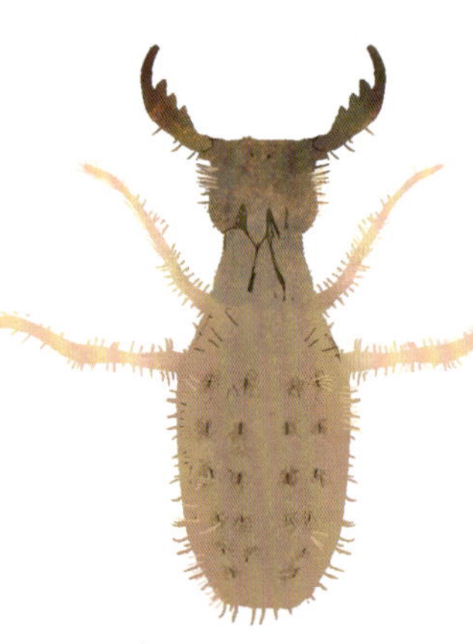

蚁蛉科（*Myrmeleontidae*）昆虫的幼虫以挖沙洞捕食其他昆虫而闻名。在满月期间，它们挖的洞会更大。昆虫在月光下会更加活跃，更大的洞会提高蚁蛉捕获猎物的概率。

通常来说，非洲狮在夜间捕猎的成功率最高。但它们有时也会在白天捕猎，特别是在满月夜之后的白天。这是因为在月光明亮的夜晚，猎物活动较少，且捕猎难度较大。因此，满月之后的几天，它们可能会疯狂地捕猎。

有些夜鹰科（*Caprimulgidae*）的鸟会根据月相产卵，以保证在满月前有充足的时间用来孵化小夜鹰。这样，当月亮变圆变亮时，成鸟就可以借助月光捕捉大量的昆虫，喂养它的孩子们。

有些动物利用月光，有些动物却避之不及：当月亮出现时，世界各地的许多蝙蝠似乎都被吓得躲到了阴影中。

墨西哥的科学家发现，在有月光的夜晚，与那些在黑暗、隐蔽环境中活动的蝙蝠相比，绝大多数在开阔环境中生活和觅食的蝙蝠会变得不那么活跃。这可能是因为在明亮的月光下，开阔的环境中的蝙蝠更容易被捕食者发现。不过研究还显示，那些大部分时间在树顶上生活的蝙蝠，在月光明亮的夜晚活动并未减少——可能是因为它们飞得更快，周围的捕食者也比较少。

你知道蝎子能在黑暗中发光吗？当月光中的紫外线与它们外骨骼中的一种物质发生反应时，就会出现这种现象。一些研究人员认为，这能帮助蝎子在沙漠中找到彼此；另一些研究人员则认为，荧光可以使猎物暂时看不清它们。进一步的研究表明，蝎子会利用它们在黑暗中发光的本领，来判断离开洞穴去寻找食物是否安全。

蝎子是夜行动物，不过它们并不喜欢在月夜外出，尤其是在满月时。它们虽然无法探测出月光，但是它们可以看到月光下自己和同类发出的绿色荧光。

第六章

关于月亮的想象

文学与艺术作品中的月亮

月亮一直是许多艺术和文学作品的主题。从作家到音乐人，从诗人到电影制片人，都从它那里获得过创作灵感。毋庸置疑，许多作家可能都曾在不眠的夜晚仰望月亮，灵光一闪。

关于月亮最早的文学作品之一是意大利诗人卢多维科·阿里奥斯托（Ludovico Ariosto）出版于1532年的一首非常著名的诗歌《疯狂的罗兰》。这首诗共有38,736行，是欧洲文学史上最长的诗歌之一。它讲述的是骑士罗兰爱上公主安吉莉卡的故事。当安吉莉卡爱上别人时，罗兰失去了理智，他毁掉了周遭的一切。

为了帮助罗兰，一个名为阿斯托尔福的骑士乘着燃着烈火的战车飞到了月亮上。在诗中，所有在地球上丢失的东西都能在月亮上找到——包括罗兰的理智。阿斯托尔福将罗兰的理智装在一个瓶子里带回地球，让罗兰闻瓶子里的东西，帮他恢复了正常。

17世纪初，随着望远镜的发明，人们逐渐意识到，月亮可能并不像我们远远看到的那样平滑和完美——它就像地球一样，上面也有山脉、盆地。这让很多作家猜测，月球上可能存在着生命……

1611 年，德国天文学家、数学家约翰内斯 · 开普勒（Johannes Kepler）制作了自己的望远镜。他曾在 1608 年写过一部名为《梦》的小说，小说讲述的是一个冰岛男孩和他的巫婆母亲的故事：男孩的母亲能够召唤恶魔，恶魔会告诉他们关于远方的事情，其中有一个名为莱瓦尼亚（Levania，意为月亮）的岛屿。这本书还详细描述了从月球上看地球，地球是什么样子。《梦》是最早的以现实方式看待月亮的科幻小说之一。

更多关于月亮的故事

1865 年，法国作家儒勒·凡尔纳（Jules Verne）出版了《从地球到月球》，这是第一部关于月球旅行的科幻小说。书中讲述了一群狂热的武器爱好者建造了一门巨型大炮，他们希望通过这门大炮将三个人送上月球。受当时一些技术的影响，凡尔纳甚至在小说中加入了大炮设计所涉及的部分计算。

随后，在 1870 年出版的续集《环绕月球》中，凡尔纳讲述了这三个人在月球之旅中的经历。

英国作家 H. G. 威尔斯（H. G. Wells）在他 1901 年出版的《第一批登上月球的人》中，进一步拓展了月球冒险的主题。在小说里，商人贝德福德和科学家卡弗尔乘坐宇宙飞船前往月球。在月球上，他们发现了一种像昆虫一样的被称为“塞勒尼特”的生物，生活在月球内部。

月球之旅和星际旅行激发了公众极大的兴趣，成为媒体上越来越受欢迎的主题，以太空为题材的儿童故事也纷纷涌现。

比利时漫画家乔治·雷米（Georges Remi，笔名埃尔热）创作的漫画书《丁丁历险记》系列，带领孩子们进行了一场月球旅行。这部以冒险为主题的系列漫画从 1929 年开始，在比利时一家报纸的副刊上连载。

故事的主角丁丁是一名年轻的记者和冒险家，他有一条忠诚的小狗，名叫白雪，是他的好帮手。在 1953 年出版的《奔向月球》中，丁丁和他的朋友阿道克船长在向日葵教授的邀请下，访问了作者虚构的国家西尔达维亚。教授正在那里开展一个绝密项目:载人登月飞行。

为了尽可能地提高故事的真实性，在落笔创作之前，埃尔热对人类太空旅行的可能性进行了大量的研究。他描绘的月球火箭，灵感源于德国人在第二次世界大战期间研发的 V-2 火箭；他对太空服的设想，已经与后来月球探测中使用的太空服非常接近了。

梅·弗里曼（Mae Freeman）和艾拉·弗里曼（Ira Freeman）合著的《你将登上月球》于1959年在美国出版，十年后，人类首次成功登月。这本书讲述的是一个小男孩进行了一场假想的月球之旅的故事。它入选了由备受欢迎的美国儿童作家苏斯博士主持编选的“儿童初级阅读系列丛书”。

在阿波罗登月之前，这本书是最早让孩子们对实现月球之旅充满热情的书之一。它以简单的方式解释了登月任务将如何完成，同时试图将其背后的科学——包括一枚三级火箭的发射——真实地展示给小读者。

作者和编辑们都非常重视书中知识点的准确性，为此他们邀请了美国空军的研发部门进行审读。

1961年，美国总统约翰·F.肯尼迪（John F. Kennedy）宣布，美国将在1970年之前实现登陆月球的计划。从此，幻想开始变为现实……

“马修·鲁尼系列”是美国作家小杰罗姆·贝蒂（Jerome Beatty Jr.）在1961年至1978年间创作的一套童书，讲述了“非人类”男孩马修的太空故事。马修和他的妹妹玛丽亚住在月球上的柏拉图环形山，那里的居民决定入侵地球……贝蒂在太空竞赛进行得最激烈的时期撰写了这套系列丛书，当时孩子们都对太空飞行和月球冒险十分着迷。

即使在距离首次登月已经过去五十多年的今天，这个主题仍然令全世界的作家感到兴奋。

英国作家萨莉·加德纳（Sally Gardner）于2012年创作了《月球狂想曲》一书，小说以20世纪50年代的英国为背景，设想如果同盟国在二战中战败，英国人的生活会是什么样子。故事的主人公，十五岁的斯坦迪什患有阅读障碍症，并且对周围发生的事情非常敏感。他和朋友赫克托梦想着星际旅行，因为他们的祖国计划成为第一个把人类送上月球的国家。然而，登月发射的真相似乎不是那么简单……

点火！

月亮在最纯净的天空缓缓上升，一路上点点星光因它而黯淡。此时，它越过了双子座，正接近地平线和天顶之间的中点。四下被可怕的寂静笼罩！地上没有一丝风！有无数观众在场，却听不到他们发出一点呼吸声。他们仿佛连心脏都不敢跳动！所有的目光都聚集在“哥伦比亚”大炮巨大的炮口上。

默奇森的眼睛紧紧地盯着他的秒表表针。距离开炮只有四十秒了，每一秒似乎都持续了一个世纪！数到第二十秒时，很多人开始紧张地发抖，因为人们突然意识到，炮弹里的那些勇敢的旅行者们也都在数那可怕的几秒钟。人群中不时传来几声尖叫。

“三十五！三十六！三十七！三十八！三十九！四十！点火！”

话音刚落，默奇森用手指按下电池按钮，接通电流，把电火花喷射到“哥伦比亚”大炮的炮尾。

紧接着，一声可怕的、诡异的巨响传来，这声音前所未闻，甚至雷的怒吼、火山的爆发都不能与之相提并论！没有言语可以描述这声音到底有多震撼！一簇巨大的火光像火山喷出的火焰一样从地上喷射升空。大地颤动起来，人群中只有几个人捕捉到了炮弹在浓烟烈火中胜利冲向天空的那一瞬！

——摘自儒勒·凡尔纳《从地球到月球》

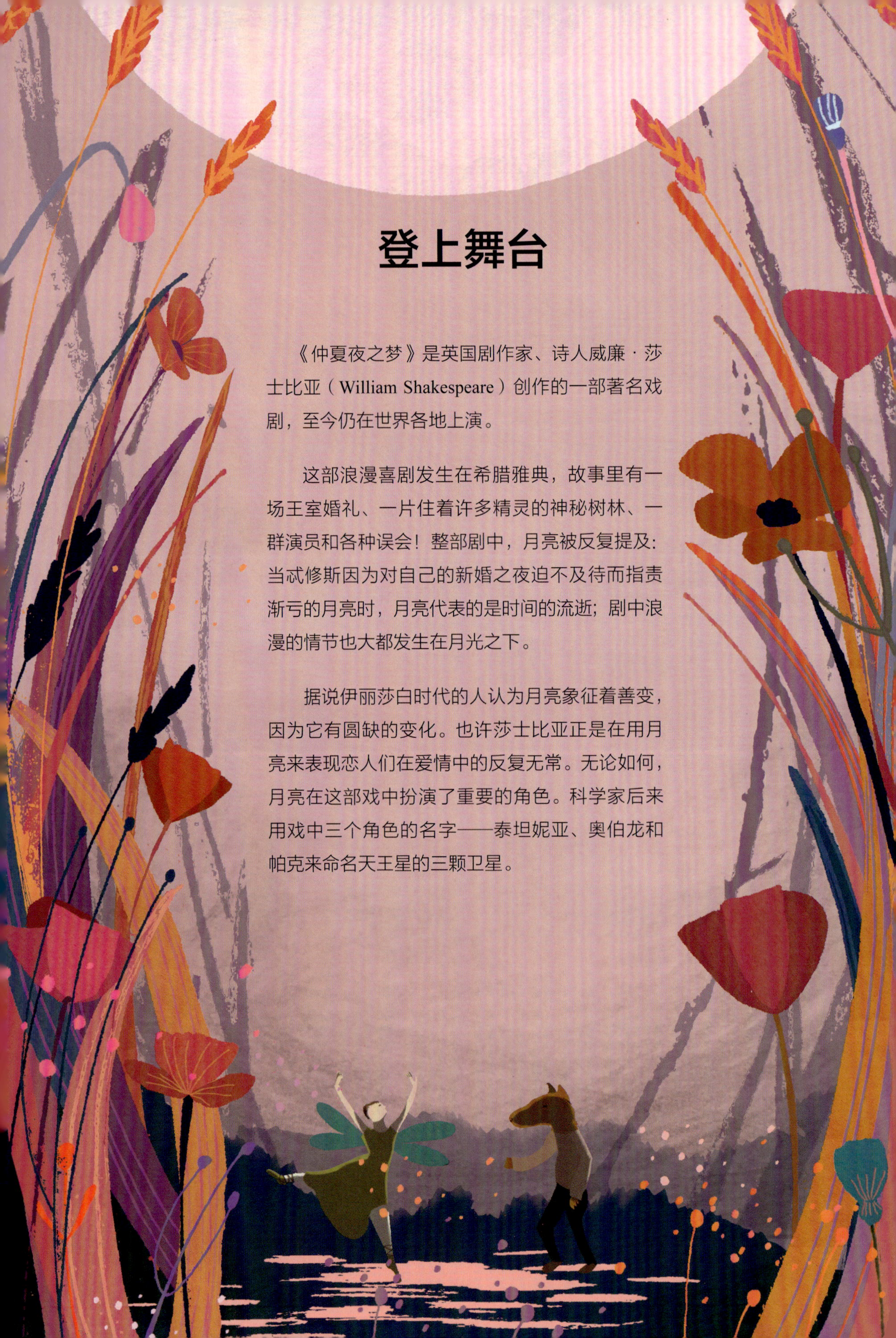

登上舞台

《仲夏夜之梦》是英国剧作家、诗人威廉·莎士比亚（William Shakespeare）创作的一部著名戏剧，至今仍在世界各地上演。

这部浪漫喜剧发生在希腊雅典，故事里有一场王室婚礼、一片住着许多精灵的神秘树林、一群演员和各种误会！整部剧中，月亮被反复提及：当忒修斯因为对自己的新婚之夜迫不及待而指责渐亏的月亮时，月亮代表的是时间的流逝；剧中浪漫的情节也大都发生在月光之下。

据说伊丽莎白时代的人认为月亮象征着善变，因为它有圆缺的变化。也许莎士比亚正是在用月亮来表现恋人们在爱情中的反复无常。无论如何，月亮在这部戏中扮演了重要的角色。科学家后来用戏中三个角色的名字——泰坦妮亚、奥伯龙和帕克来命名天王星的三颗卫星。

搬上大银幕

第一部关于月球旅行的电影，是拍摄于1902年的法国无声电影《月球之旅》，导演是乔治·梅里爱（Georges Méliès）。它的灵感来源于儒勒·凡尔纳的小说和H. G. 威尔斯的《第一批登上月球的人》。电影讲述的是，一群天文学家乘坐太空舱飞向月球，在月球之眼着陆，后来逃脱了居住在地下的月球人塞勒尼特的追捕，成功返回地球，还捕获了一名月球人。剧情并不追求真实，而是嘲讽了当时的科学。

第一部严肃的科幻无声电影是1929年在德国上映的《月里嫦娥》。这部电影由弗里茨·朗（Fritz Lang）执导，在美国上映的片名是《登月火箭》，在英国则叫作《月亮上的女人》。很多观众通过这部电影，第一次了解了多级火箭和火箭旅行的基本知识。电影中的火箭设计几乎达到了以假乱真的地步，以致它在1945年之前被纳粹列为禁片，因为它与他们秘密进行的V-2火箭项目太接近了。

兔八哥是一个领先于时代的卡通形象！在美国华纳兄弟公司1948年出品的动画电影《登月历险》中，兔八哥成为第一只飞向月球的兔子。可怜的兔八哥心不甘情不愿地被拖到火箭上，但当他看到火箭里装满了胡萝卜时，马上就振奋了起来！登上月球后，他阻止了火星人马文炸毁地球的计划。

1950年发行的《登陆月球》是美国第一部重要的讲述太空旅行中的危险的科幻电影，由乔治·帕尔（George Pal）制片，欧文·皮切尔（Irving Pichel）执导。电影中的最后一幕，当宇航员们接近地球时，屏幕上滚动的字幕不是“结束”，而是“这只是一个开端的结束”，预示着未来还会有故事发生。

沃尔特·迪士尼（Walt Disney）的电视系列片《人在太空》《人与月球》《火星及更远的地方》于1955年至1957年间播出。该系列片将纪录片与动画相结合，内容包括介绍火箭的历史、对人类迷恋月球的幽默解读，以及由演员在一个特别设计的月球飞船——月球侦察船RM-1号上，再现“实景真人”场景。

迪士尼的电影公司与V-2火箭的发明者、德国工程师韦恩赫尔·冯·布劳恩（Wernher von Braun）有着密切的合作。冯·布劳恩是美国绝大部分太空计划，包括1969年的登月计划的负责人，他为电影提供技术咨询。电影让许多人认识到，登月可能不再只是科幻小说里的情节。

1995年由汤姆·汉克斯（Tom Hanks）主演的美国电影《阿波罗13号》，是根据美国阿波罗太空计划第七次载人航天任务的真实事件改编的。阿波罗13号本应是第三艘登月的航天器，但20世纪70年代的那次登月之旅，由于服务舱的氧气罐爆炸而被迫中止。相传就是那时，宇航员们说了下面这句后来成了名言的话：

“休斯敦，我们有麻烦了。”

月亮慢慢升起，
金色的星星在夜空闪亮。
树林在阴影中静静矗立，
从草地到牧场，
白色的薄雾正慢慢升腾，
升腾到夜的怀抱。

——摘自马蒂亚斯·克劳迪乌斯（Matthias Claudius）
《月亮升起来了》

歌唱月亮

《带我飞向月球》是 1954 年由美国人巴特·霍华德（Bart Howard）创作的歌曲。许多知名人士都演唱过这首歌，包括纳特·金·科尔（Nat King Cole），埃拉·菲茨杰拉德（Ella Fitzgerald）和托尼·贝内特（Tony Bennett）。但真正让这首歌出名的，是弗兰克·西纳特拉（Frank Sinatra）1964 年录制的唱片——阿波罗 11 号宇航员登上月球时，用便携式磁带录音机播放的正是这个版本。这首歌也是第一首在月球上播放的歌曲。

《太空怪谈》是英国摇滚乐大师大卫·鲍伊（David Bowie）创作并演唱的一首歌曲，他宣称，他的另一个自我来自外太空，是一个名为“Z 字星尘”的外星人！这首歌于 1969 年 7 月 11 日首次发布，就在人类首次登月的前几天。它的灵感来自美国导演、编剧兼制作人斯坦利·库布里克（Stanley Kubrick）1968 年推出的电影《2001 太空漫游》。

大卫·鲍伊的歌曲讲述了一位虚构人物宇航员汤姆少校的故事，他与地面控制中心失联，被困在了太空中。英国广播公司（BBC）在登月的电视报道中播放了这首歌。不过曾有人担心，如果登月任务不顺利，这首歌可能就不合适了。

BBC 在报道登月时，主要使用了古典音乐《查拉图斯特拉如是说》的开场部分。这首曲子是 1896 年由德国作曲家理查德·施特劳斯（Richard Strauss）创作的。自从它被用于电影《2001 太空漫游》之后，人们就将它与太空联系在了一起。

绘画中的月亮

人类对月亮的描绘不仅仅停留在文字中。从古至今，世界各国都有画家用画笔记录下我们皎洁的月亮。

中世纪和文艺复兴时期的艺术作品中留存了许多具有象征意义的月亮图像。那时的艺术家通常只画一个月牙，而少有其他细节，只有意大利画家莱奥纳多 · 达 · 芬奇（Leonardo da Vinci）和英国医生威廉 · 吉尔伯特（William Gilbert）例外：前者在 1500 年前后画了一些月面的草图，后者在 17 世纪初绘制了一张用肉眼看到的月亮的细节图。

意大利天文学家伽利略也是一位善于运用光影的绘画大师。他的绘画训练可能对他理解地球反照（地球反射太阳光，照亮月球表面阴影部分的现象）有很大帮助。他认为月亮上可能有山脉和山谷，在他的时代，这一全新的观点并不是人人都能接受。

月亮通常象征着纯洁。因此，圣母玛利亚在画作中经常站在完美、光洁的弯月上，比如 17 世纪西班牙画家巴托洛梅 · 埃斯特万 · 牟利罗（Bartolomé Esteban Murillo）的作品《纯洁受胎》。

然而，意大利画家洛多维科 · 卡尔迪（Lodovico Cardi）受到伽利略的启发，在他的最后一幅作品中，圣母玛利亚站在一个布满了陨石坑的月球上。

中国与日本的绘画

在中国传统绘画中，月亮通常被表现为一个小而远的物体——这样可以营造出看画的人和月亮之间的距离感，从而令观者感受到月亮的辽远静谧。

日本绘画中的月亮则通常都比较大，且往往有一部分被柳枝或浮云所遮挡。在平安时代（794—1192），月亮是日本绘画作品中的常见题材。赏月活动在这一时期也很流行。

建筑

从二维到三维，建筑设计师们也从月亮那里获得了很多灵感，设计出各种各样光怪陆离的建筑。

新月发展项目，或称新月湾，是一个巨大的摩天大楼综合体，位于阿塞拜疆首都巴库的里海海岸。这个建筑群包括新月酒店、一栋写字楼、一个住宅楼和一个购物娱乐中心。酒店被设计成新月形，建筑物的两端坐落于里海海岸。新月是阿塞拜疆主要的标志之一，阿塞拜疆的国旗上就有这个标志。

在韩国首尔郊区有一个名为“双月”的不寻常的建筑。它由建筑师文君设计，由两栋三层楼的建筑组成，其中包括咖啡厅、画廊和可供租赁的空间。

两栋建筑上各有一个弯月形的凹陷，从某些角度看，这两个洞就像是在由弯月向凸月转变;换个角度观察，这两个弯月似乎又组成了一个满月。在整个建筑物中，墙壁以及天花板上的窗洞都是满月形状。

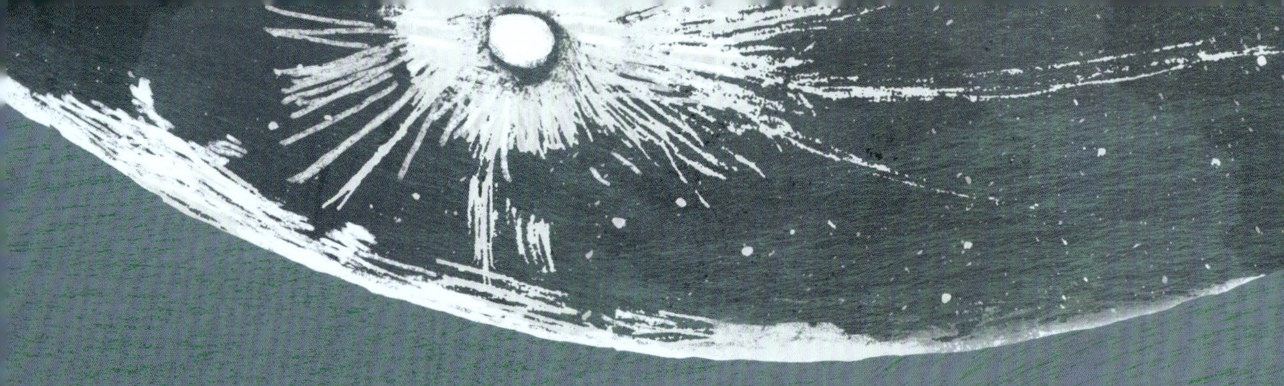

第七章

人类的
一次
巨大飞跃

康斯坦丁·齐奥尔科夫斯基的火箭设计图

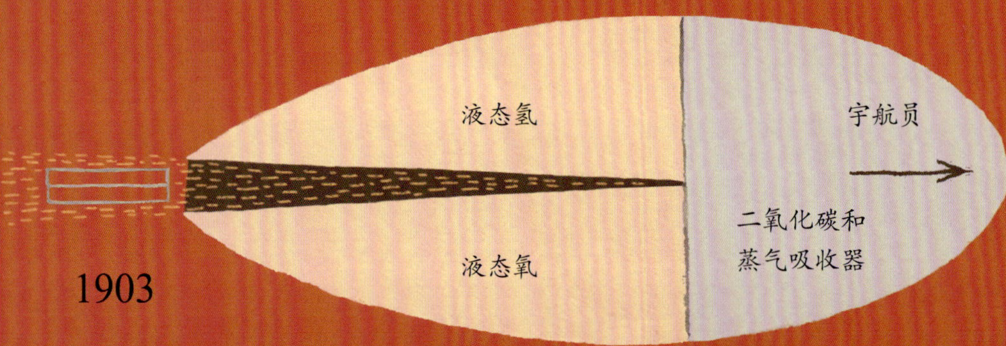

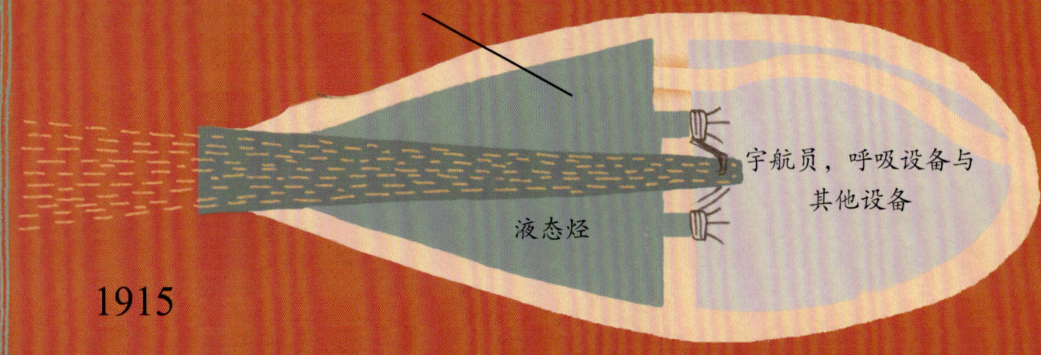

火箭革命

一直以来，人类都在寓言和幻想小说中梦想着月球旅行，直到有一天，幻想终于变成了现实……

---

19 世纪 90 年代，俄国发明家康斯坦丁·齐奥尔科夫斯基（Konstantin Tsiolkovsky）首次提出了将火箭发射到月球上的想法。1903 年，他设计了已知最早的液体燃料火箭。

齐奥尔科夫斯基最初的火箭设计为现代航天器打下了基础。火箭分为三个主要部分，驾驶员和副驾驶员坐在第一部分，而第二和第三部分装载着为火箭提供燃料的液氧和液氢。

遗憾的是，齐奥尔科夫斯基没能造出自己的火箭。但美国工程师罗伯特·戈达德（Robert Goddard）却做到了。1926 年，他发射了世界上第一枚液体燃料火箭——尽管它只飞行了 2.5 秒就落在了一片卷心菜地里！

1926 年到 1941 年间，戈达德和他的团队共发射了 34 枚火箭，并逐步将飞行高度提升到了 2.6 千米，飞行速度提升到了 885 千米 / 小时。他还梦想着亲眼看见火箭飞向月球，可惜他最终没能等到这一天。虽然夙愿未偿，但毫无疑问的是，他已为太空旅行铺平了道路。

1939 年到 1945 年间的第二次世界大战推动了火箭的进一步发展。技术的进步加速了人类探索太空的步伐，并最终把人类送上了月球。

德国在 1942 年发射了由冯·布劳恩发明的 V-2 火箭，成为第一个在战争中使用火箭推进武器的国家。战争结束后，冯·布劳恩向美国陆军投降，他的火箭技术被改进并用于美国的太空计划。与此同时，火箭工程师和宇宙飞船设计师谢尔盖·科罗廖夫（Sergei Korolev）也在引领着苏联的太空计划……

太空竞赛

20世纪 50 年代，美国和苏联在航天领域展开了激烈的角逐，一场太空竞赛就此拉开帷幕。美苏都想成为第一个将人类送上月球的国家。这一切都发生在冷战时期，当时两国间的政治关系已经十分紧张。

起初，苏联似乎赢得了太空竞赛，因为它在 1957 年 10 月 4 日发射了人造地球卫星 1 号。这个带有无线电发射器的金属球，是历史上第一颗围绕地球运行的人造卫星！这让美国感到极度焦虑：如果苏联能将卫星发射到绕地轨道上，那么也就意味着，他们可能也有能力向大洋彼岸发射导弹！

1957 年 12 月 6 日，美国向绕地轨道发射它的第一颗卫星时，运载卫星的先锋 3 号火箭在发射台爆炸。庆幸的是，1958 年 1 月 31 日，由冯 · 布劳恩改良的朱诺 1 号火箭成功将美国探险者 1 号卫星送入轨道，从而挽回了局面。

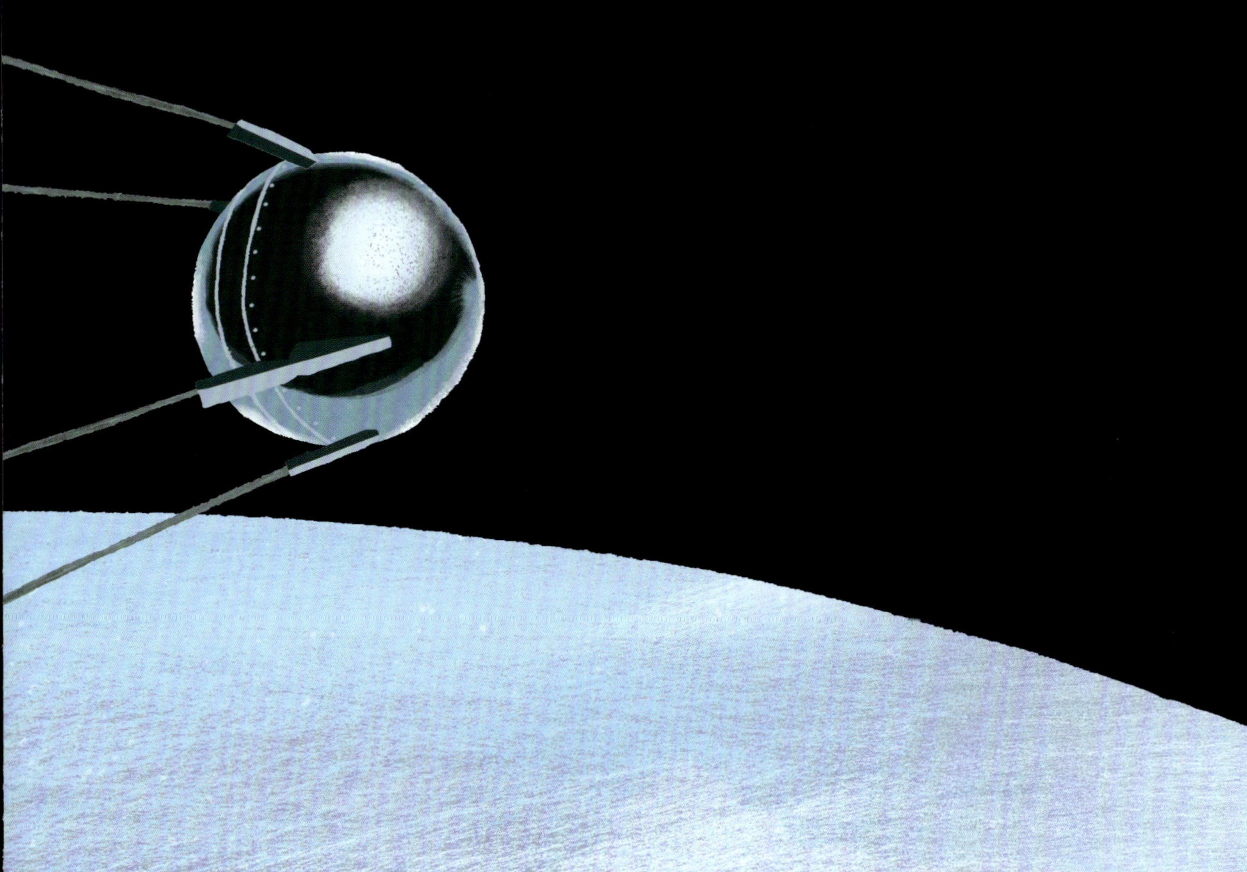

在苏联发射人造地球卫星1号后不久，美国政府于1958年成立了一个太空探索机构。该机构被称为美国国家航空航天局，也就是今天为人熟知的NASA。

与此同时，两国都在积极培训宇航员，发展本国的太空技术。1961年5月25日，美国总统肯尼迪发表声明说，截至1970年，美国将把宇航员送入太空和月球。不幸的是，他未能活到梦想实现的那一天。

首先，我认为在这个十年结束之前，美国应该致力于达到这样一个目标，那就是实现人类登月并安全返回地球。在这一时期，没有任何一项太空计划比登月更令人瞩目，没有任何一项计划对太空的长期探索更加重要，也没有哪个项目如此困难或昂贵。

——摘自美国总统肯尼迪1961年5月25日在美国国会联席会议上的演讲

无人航天器

在将人类送上月球之前，美国和苏联都进行了各种各样的无人飞行。除了确保技术可行之外，登月前还需要绘制出月球的详图，以评估在其表面着陆的可能性。

第一个被发送到月球上的无人航天器属于“硬着陆器”，或称撞击探测器：它们在着陆时会直接撞向月球表面。而“软着陆器”则被设计成减速后安全着陆，并能在月面上进行进一步的研究。

苏联月球计划从 1958 年持续到 1976 年。在拥有正式编号的 24 个航天器中，共有 15 个取得了成功。1959 年 1 月，苏联发射了月球 1 号。根据设计，月球 1 号本是一个撞击探测器，但最终飞行器在与月球相距约 6000 千米的地方和它擦肩而过。随后，在 1959 年 9 月，月球 2 号成功在月球表面硬着陆，成为第一个到达月球的航天器，也是第一个降落在另一个天体上的人造物。

1959 年 10 月，月球 3 号飞过月球背面，第一次拍摄到了月球背面的照片。这个飞掠探测器在距离月球表面大约 65,000 千米的地方，拍摄了共计 29 张照片。

探测器只发回了其中的 17 张照片，虽然这些照片很模糊，却仍然让人兴奋不已！照片显示，月球背面有很多山脉，这与月球正面非常不同。月球 3 号于 1960 年 3 月或 4 月坠入地球大气层并烧毁。

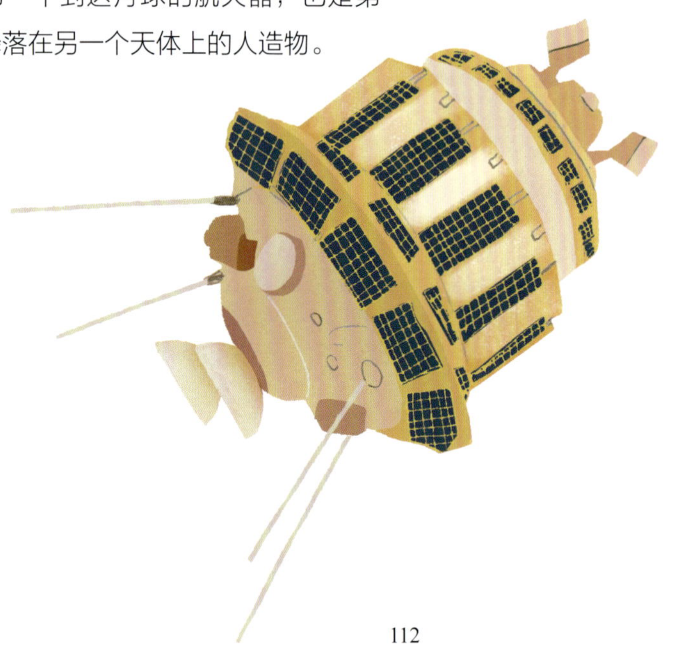

徘徊者计划指的是美国在 20 世纪 60 年代进行的一系列无人太空发射任务。美国希望率先拍到月球表面的特写照片，但前六次飞行全部失败了。1964 年 7 月，徘徊者 7 号终于在撞到月球前的最后 17 分钟，成功发回了 4300 张照片。随后，徘徊者 8 号和徘徊者 9 号又于 1965 年发回了更多照片，当时美国通过电视直播的方式，向全国各地的数百万观众展示了其中的部分照片。

第一个在月球上软着陆的航天器是苏联于 1966 年发射的月球 9 号。它传回了 9 张照片，其中包括 5 张黑白全景图，这是人造航天器在月球表面拍摄的第一批照片。

月球 9 号成功发射两个月后，苏联又发射了月球 10 号。它是第一个进入绕月轨道的航天器，也是第一个围绕地球以外的天体运行的人造天体。轨道舱与航天器其余部分分离后，每 3 个小时环绕月球运行一周。在电池耗尽前，月球 10 号沿绕月轨道运行了 460 圈，其间一直在向地球传回信号。它收集了关于月球辐射水平和岩石结构的重要数据。

1966 年至 1967 年间，美国也在其月球轨道计划中发射了 5 个绕月飞行无人航天器，目的是为登月任务寻找登陆点。5 个无人航天器的任务都成功了，美国根据它们拍摄的照片绘制出了月面 99% 的地图。

美国还向月球表面发射了 7 个软着陆器。勘测者计划从 1966 年进行至 1968 年，其目的是为了验证着陆器不会陷入尘埃中。7 个着陆器中有 5 个成功在月球上软着陆，而另外两个着陆失败：勘测者 2 号高速撞向月球表面，勘测者 4 号则在着陆前几分钟爆炸了。这些航天器至今仍留在月球上。

登月前的准备

成功登月的第一步，是需要一个非常强大且可靠的火箭把人类送上月球。1965年10月，苏联计划建造一个这样的火箭。

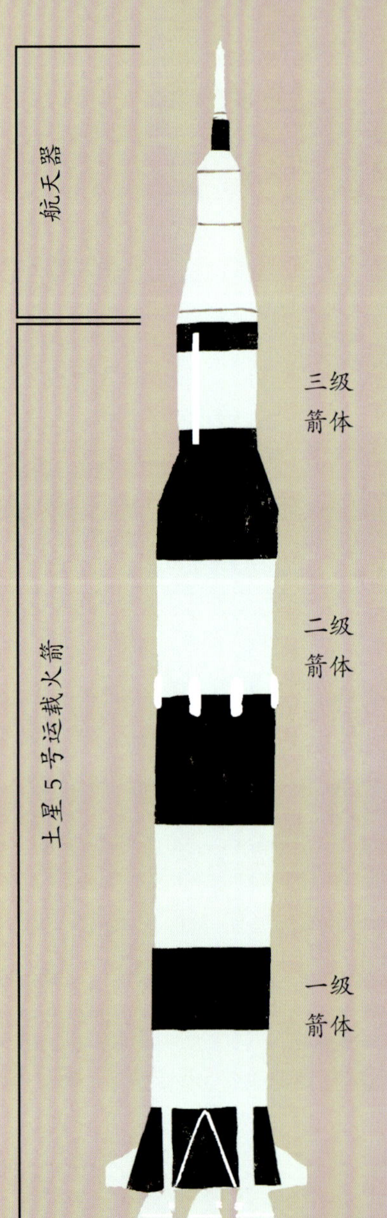

为了与美国的土星5号火箭竞争，苏联研发了N1运载火箭，希望通过这个五级火箭将载人航天器送到月球表面。但这个复杂的项目注定要失败，因为它的首席设计师谢尔盖·科罗廖夫于1966年去世了。由于资金不足且行事仓促，发射N1的四次尝试全部以失败告终。第二次发射中还发生了大爆炸，摧毁了发射台。这是历史上最大的人为非核爆炸之一。

N1计划于1974年暂停，并于1976年正式取消。苏联的载人登月计划也就此终止。该项目非常神秘，有关它的信息直到1989年才被公之于众。此后，苏联将精力转向无人航天器的研发。

美国则建造了土星5号运载火箭。这是一个三级液体燃料火箭，1967年至1973年间，NASA主要用它来支持阿波罗计划，将宇航员送往月球。该火箭高约110米，质量超3000吨，至今仍然是有史以来人类发射过的体积最大、动力最强的火箭之一。

组成土星5号火箭下部的第一级和第二级箭体各有五个发动机，按照设计要求，当一二级箭体的燃料耗尽，它们就会自动脱落。第三级箭体只有一个发动机，在火箭将阿波罗航天器送出绕地轨道、送往月球后，第三级箭体才会分离。

在正式登月之前，NASA 进行了多次土星 5 号运载火箭的测试发射。此前，NASA 已花了多年时间，对火箭的设计进行调整。

1967 年 11 月，首个完整的土星 5 号火箭携带阿波罗 4 号无人航天器进入绕地轨道，并取得了成功！三级箭体都根据设计要求分离，发动机运转良好，第三级箭体的发动机也在轨道上成功重启——这对登月任务至关重要。在飞行结束后，该无人航天器重新进入了地球大气层，这证明它足以抵抗从月球高速返回时产生的极端高温。所有这些尝试都为后来的阿波罗任务，以及人类登月奠定了基础。

阿波罗航天器装载于土星 5 号运载火箭的顶部。每个航天器都由 4 个部分组成：指令舱（CM）、服务舱（SM）、登月舱（LM）和发射逃逸系统（LES）。

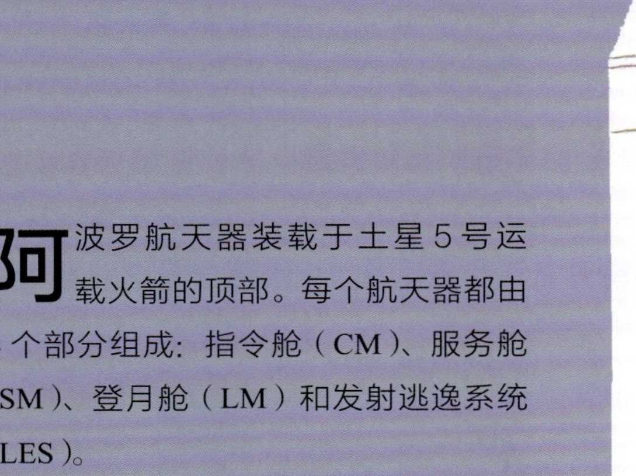

指令舱是一个锥形的舱体，其任务是将宇航员从地球送到月球上，然后再将他们带回地球。舱体直立高度为 3 米多一点，舱内安装了控制面板、宇航员的座位和着陆系统等。

服务舱位于指令舱下方，高约 7.5 米。它有一个强大的发动机，搭载了长途飞行所需的燃料，以及为指令舱提供氧气、水和电的设备。在登月任务的大部分时间里，指令舱和服务舱都是对接的状态，二者的结合体称为 CSM。

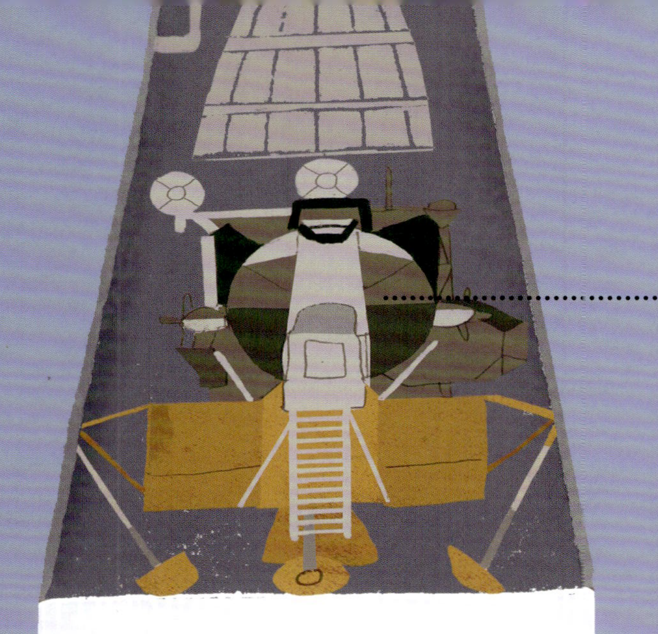

登月舱高约 7 米，也包含两个航天器：登陆月球时用的下降段，以及位于其上方、离开月球时用的上升段。整个登月舱在飞行的过程中都依附在指令舱和服务舱的结合体 CSM 上，直到它即将着陆月球时，才与 CSM 分开。当两名宇航员走出登月舱，踏上月球表面时，另一名宇航员会留在 CSM 中做环月轨道飞行。当宇航员们准备离开月球的时候，登月舱的上升段会与下降段分离，后者将作为发射台留在月球上。随后，上升段点火起飞，重新回到绕月轨道上，并与 CSM 对接。两名宇航员重新进入 CSM 后，登月舱就会与 CSM 分离，飞入外太空或坠向月球表面。

在返回地球的过程中，载着宇航员的指令舱将与服务舱分离，在隔热板的保护下进入地球大气层，最后使用降落伞安全降落在海上。

宇航员通常会为阿波罗航天器的不同部分分别起名字。比如阿波罗 11 号的宇航员称它的 CSM 为“哥伦比亚号”，哥伦比亚是儒勒·凡尔纳的小说《从地球到月球》中巨型大炮的名字；它的登月舱被称为“鹰号”，这个名字源自美国的国鸟白头鹰。

了不起的宇航员

M. 斯科特 · 卡彭特

将人类送上月球的技术固然了不起，但宇航员勇敢无畏的精神对太空旅行的成功也发挥了至关重要的作用。

L. 戈登 · 库珀

水星七人组，或称“首批七人组”“宇航员第一组”，是 1959 年首批被美国载人航天计划选中的宇航员，广受公众喜爱。

他们分别是：M. 斯科特 · 卡彭特（M. Scott Carpenter）、L. 戈登 · 库珀（L. Gordon Cooper）、约翰 · 格伦（John Glenn）、弗吉尔 · I. 格里索姆（Virgil I. “Gus” Grissom）、沃尔特 · 施艾拉（Walter Schirra）、艾伦 · 谢泼德（Alan Shepard）和唐纳德 · 斯莱顿（Donald “Deke” Slayton）。

约翰 · 格伦

水星计划旨在通过单人航天器将一位宇航员送入绕地轨道（约翰 · 格伦是第一个实现这一目标的美国宇航员），以测试人类能否在太空旅行中存活下来。

从 1961 年 5 月到 1963 年 5 月，宇航员们搭乘着水星计划载人航天器执行飞行任务，其中的许多人还参与了双子座计划、阿波罗计划等 20 世纪其他 NASA 载人飞行任务。

弗吉尔 · I. 格里索姆

沃尔特 · 施艾拉

艾伦 · 谢泼德

唐纳德 · 斯莱顿

1961 年，NASA 开始了第二个载人航天计划——双子座计划，它的成功为阿波罗登月奠定了基础。双子座航天器载有两名宇航员，项目的目的是进一步开发包括航天器对接和太空行走在内的载人航天技术，并为宇航员登陆月球做准备。1965 年 3 月至 1966 年 11 月期间，美国共实施了十次双子座载人飞行。

未完成的任务

遗憾的是，并非每一次任务都能完满结束。阿波罗 1 号是美国阿波罗计划中的第一个载人航天器。NASA 原计划在 1967 年 2 月 21 日将阿波罗 1 号发射升空，但在 1 月 27 日测试发射期间，悲剧发生了：座舱起火致使三名宇航员遇难，其中包括水星七人组成员弗吉尔 · I. 格里索姆。火灾是由电路引起的。阿波罗载人飞行因此被叫停，直至故障排除。

阿波罗 13 号承担的是第七次阿波罗载人任务，本应是第三个登陆月球的航天器。它于 1970 年 4 月 11 日发射升空，但两天后由于氧气罐爆炸，登月计划被迫中止。氧气罐的爆炸导致电力和氧气储备不足、舱内热量损失严重、缺水等问题，服务舱基本丧失了应有的功能。尽管如此，宇航员们还是设法在六天后安全返回了地球。阿波罗 13 号在飞行过程中甚至飞到过月球的背面，创造了人类到达的离地球最远距离的世界纪录：400,171 千米。

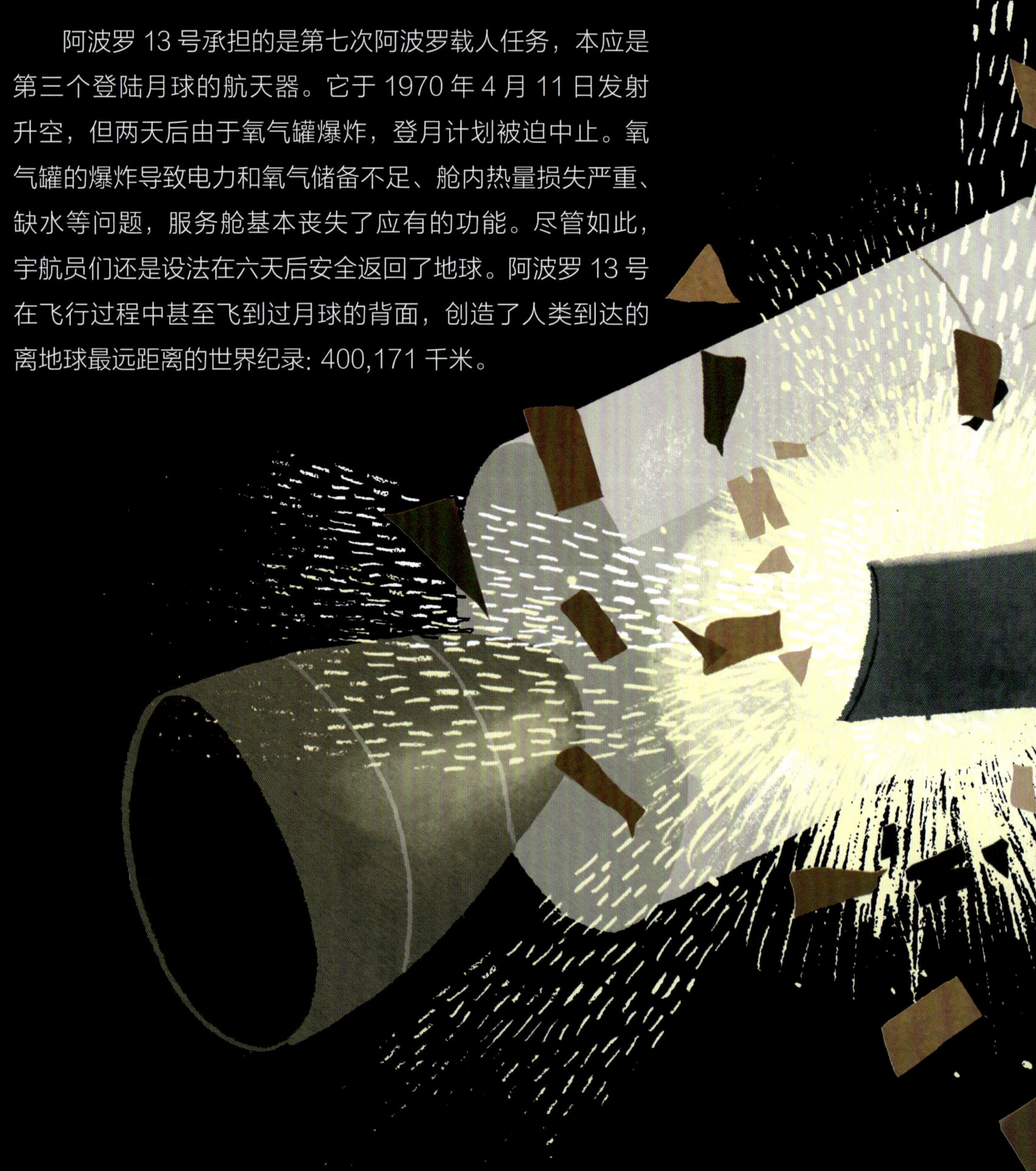

苏联也遭遇问题

苏联的联盟 11 号是将宇航员送入世界上第一个空间站——礼炮 1 号的载人航天器。所谓空间站实际上是一颗围绕地球运行的大型人造卫星，宇航员可以长时间居住在上面，进行研究和实验。

联盟 11 号于 1971 年 6 月 7 日抵达空间站，这是苏联在美国成功登陆月球后取得的一个小小的胜利。然而，在 6 月 30 日的返回途中，三名宇航员遭遇了快速减压，不幸身亡。事故的原因可能是返回舱顶部的一个阀门意外打开导致舱内空气泄漏。这是迄今为止唯一一次导致人类在太空中死亡的事故。

更多太空中的第一次

在探索太空的过程中，人类完成了许多惊人的壮举，但没有什么比得上成为第一个收获荣耀的人！

1961 年 4 月 12 日，苏联宇航员尤里 · 加加林（Yuri Gagarin）经历了太空旅行历史上最伟大的时刻之一——他乘坐东方 1 号航天器，成为第一个进入外太空的人。东方 1 号围绕地球飞行了一圈，最大飞行高度达到了 327 千米。

在加加林的历史性飞行之前，苏联曾发射过几个测试性的航天器，里面搭载了几只狗和一个名为伊万 · 伊万诺维奇的真人大小的假人。尽管有这些早期的测试，但当时的工程师们还没有开发出一套制动系统，将返回舱的降落速度减慢，以确保宇航员能够承受着陆时的冲击力。所以，加加林不得不先将自己从返回舱弹射出去，再乘降落伞着陆。

1961 年 5 月 5 日，艾伦 · 谢泼德乘坐被他命名为“自由 7 号”的航天器，完成了水星计划的第一次飞行，成为第一个进入太空的美国人。他的航天器没有进入轨道，但谢泼德是第一个手动控制航天器飞行方向的人。

1962 年 2 月，水星七人组的另一名成员约翰 · 格伦成为第一个围绕地球飞行的美国人，他共绕地飞行了三圈。

第一位进入太空的女性

1963 年 6 月 16 日，苏联宇航员瓦莲京娜 · 捷列什科娃（Valentina Tereshkova）乘坐东方 6 号航天器，成为第一个飞入太空的女性。她从 400 多名申请者中脱颖而出！捷列什科娃在太空中度过了将近 3 天，环绕地球飞行了 48 圈。在成为宇航员之前，她在一家纺织厂工作，还是一名业余跳伞运动员。2013 年她还曾说，如果有机会，她愿意参加前往火星的单程旅行。

1965 年 3 月 18 日，苏联宇航员阿列克谢·列昂诺夫（Alexey Leonov）成为第一个走出航天器，并在外太空行走的人。他被一根长长的白色绳索牵引着，在上升 2 号航天器外飘浮了 12 分 9 秒。这是一个极具风险的任务，他在这个过程中差点中暑。

1968 年 12 月 21 日，美国阿波罗 8 号航天器首次搭载宇航员绕月飞行——他们看到了月球的背面！宇航员从外太空发回了地球的照片，他们也是第一批看到地球在月球上空“升起”的人。

进入太空的动物

在太空旅行的初期，科学家们必须研究太空环境可能会对人体产生的影响。为此，许多动物被送入太空，用来验证人类能否在地球与太空之间安全往返。

人们对这些动物进行了一些生物学功能的研究，其中包括观察它们的大脑和心脏的反应，以及暴露于辐射或在失重环境下的行为状态。

1949 年 6 月 14 日，阿尔伯特二世成为第一只进入太空的猴子。它随美国发射的 V-2 火箭进入太空，到达约 134 千米的高空，但在返回地球途中由于降落伞没能正常工作而不幸死亡。它是第二只被美国尝试送入太空的猴子。第一只名叫阿尔伯特一世，1948 年 6 月 11 日，它在飞行中抵达 63 千米的高空，随后窒息而死。

第一个围绕地球飞行的生物是一只名为莱卡的狗。1957 年 11 月 3 日，这只苏联宇航狗乘坐人造地球卫星 2 号航天器踏上了一场单程旅行。当时，人们还没有研发出让航天器返回地球的技术。

莱卡死亡的真相直到 2002 年才被公之于众：在飞行数小时后，它死于航天器内的高温。莱卡乘坐的航天器围绕地球飞行了 2570 圈，而后于 1958 年 4 月进入地球大气层烧毁。虽然莱卡只在太空存活了几个小时，但这次任务证明，生物可以被送入低重力环境下的绕地轨道并存活下来。这一实验为人类的太空飞行铺平了道路。

1961年1月31日，黑猩猩汉姆乘坐水星计划的太空舱发射升空，成为第一个与航天器有互动的动物。汉姆的名字取自美国新墨西哥州霍洛曼航空医学中心（Holloman Aerospace Medical Center）的缩写，为了帮助它完成使命，实验室做了很多准备——包括训练它拉动控制杆来换取香蕉吃。在执行任务期间，航天器出现轻度失压，但是汉姆的太空服保护了它。经过约16分钟的飞行之后，航天器掉进了大西洋，汉姆被一艘救援船救了出来。后来，它又活了22年。

1963年10月18日，法国科学家首次把一只猫送上了太空。这只黑白相间的猫名为费莉切特，是被韦罗妮克AGI47号火箭送上太空的。该火箭的亚轨道飞行持续了10多分钟，飞行高度超过150千米。太空舱返回地球后，人们成功将费莉切特解救了出来。

1970年11月9日，NASA将两只牛蛙送入绕地轨道，用以研究失重及其对平衡的影响。人们为这两只特殊的青蛙特别设计了一个迷你航天器。之所以选中牛蛙，是因为它们的内耳前庭器官与人类的非常相似。这场单程旅行对牛蛙来说很不幸，因为它们再也无法返回地球。不过实验最终取得了成功，牛蛙在整个飞行过程中健康状态良好。

就连蜘蛛都进入了太空！1973年7月28日，作为NASA太空实验室3号任务的一部分，两只花园蜘蛛——阿拉贝拉和安妮塔进入了轨道。由于蜘蛛用自身重量来判断它所需蛛丝的粗细，因此，重力在蜘蛛织网的过程中起着至关重要的作用。虽然花了一两天时间适应失重状态，但是蜘蛛很快就像在地球上一样开始织网。尽管蜘蛛丝的粗细有所变化，不过蛛网的图案是基本一样的。

生物7号是一颗承担生物医学研究任务的卫星。1985年7月10日，10只蝾螈搭乘生物7号进入太空，环绕地球飞行了7天。研究人员将蝾螈的部分肢体截断，看它们能否像在地球上一样重新长出来。

最了不起的第一次

1968 年 12 月，阿波罗 8 号首次搭载宇航员实现绕月飞行，从而创造了历史。大约一个月后，唐纳德·斯莱顿（最初的水星七人组成员之一）会见了宇航员尼尔·阿姆斯特朗（Neil Armstrong）、埃德温·奥尔德林（Edwin“Buzz”Aldrin）和迈克尔·柯林斯（Michael Collins）。作为飞行任务成员办公室主任，斯莱顿在阿波罗计划以及挑选飞行任务成员中扮演着重要角色。如果阿波罗 9 号和 10 号的试飞一切顺利的话，这几位宇航员将乘坐阿波罗 11 号飞向月球。

在执行任务之前，宇航员们花了大量时间进行训练。1969 年 7 月 16 日，他们终于做好准备，登上了肯尼迪航天中心的土星 5 号火箭。阿波罗 11 号被火箭发射到太空后，用了几天时间才到达月球，在此之前，宇航员们在他们的指令舱中耐心等待。

当他们越来越接近月球时，尼尔·阿姆斯特朗对 NASA 的任务控制中心说：

“我们这些天看到的月球的景色实在太壮观了……这样的景色已让我们不虚此行。”

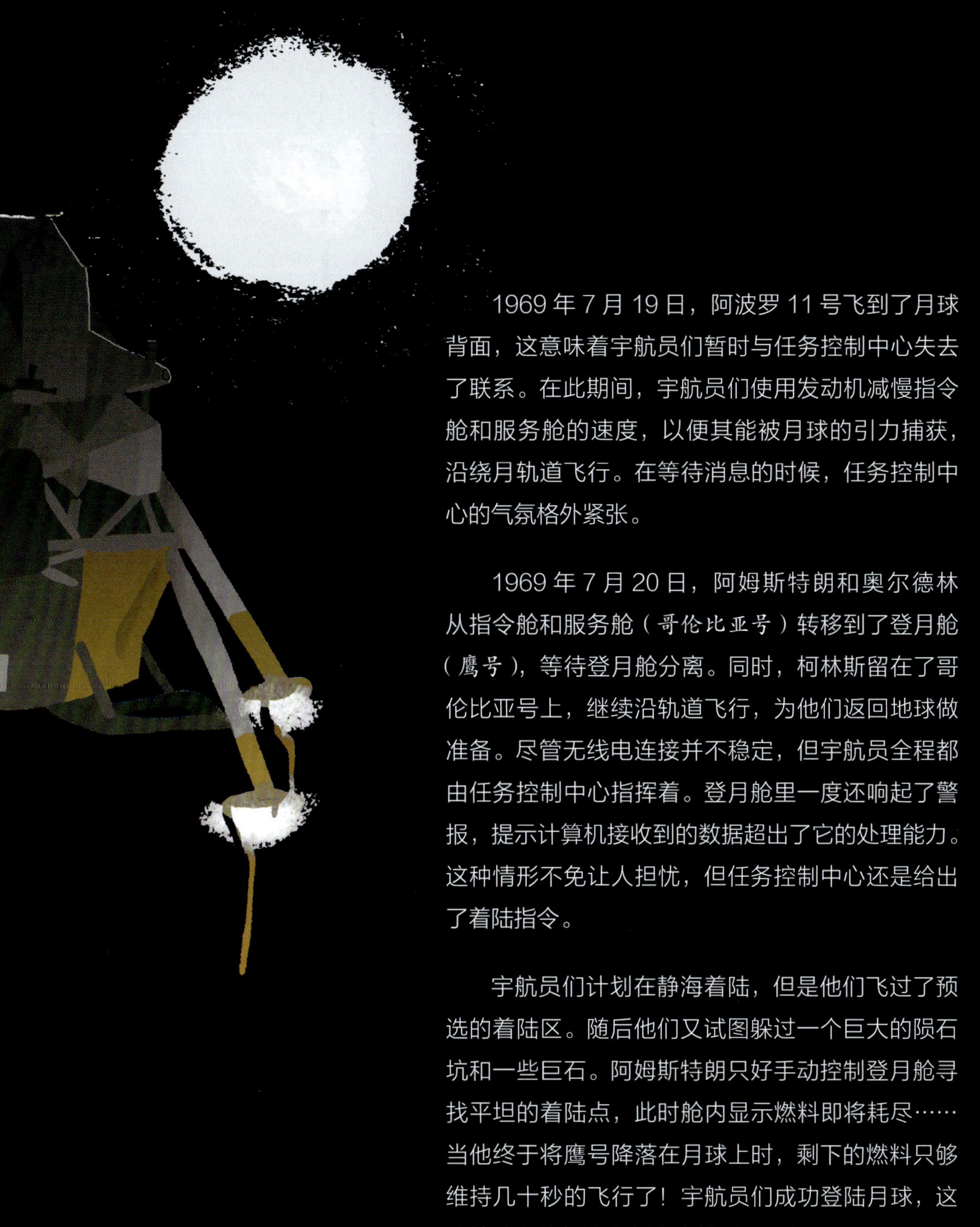

1969 年 7 月 19 日，阿波罗 11 号飞到了月球背面，这意味着宇航员们暂时与任务控制中心失去了联系。在此期间，宇航员们使用发动机减慢指令舱和服务舱的速度，以便其能被月球的引力捕获，沿绕月轨道飞行。在等待消息的时候，任务控制中心的气氛格外紧张。

1969 年 7 月 20 日，阿姆斯特朗和奥尔德林从指令舱和服务舱（哥伦比亚号）转移到了登月舱（鹰号），等待登月舱分离。同时，柯林斯留在了哥伦比亚号上，继续沿轨道飞行，为他们返回地球做准备。尽管无线电连接并不稳定，但宇航员全程都由任务控制中心指挥着。登月舱里一度还响起了警报，提示计算机接收到的数据超出了它的处理能力。这种情形不免让人担忧，但任务控制中心还是给出了着陆指令。

宇航员们计划在静海着陆，但是他们飞过了预选的着陆区。随后他们又试图躲过一个巨大的陨石坑和一些巨石。阿姆斯特朗只好手动控制登月舱寻找平坦的着陆点，此时舱内显示燃料即将耗尽……当他终于将鹰号降落在月球上时，剩下的燃料只够维持几十秒的飞行了！宇航员们成功登陆月球，这让地球上的每个人都大大松了一口气。

登月舱着陆

1969 年 7 月 21 日凌晨，阿姆斯特朗打开了鹰号登月舱的舱门，当时全世界有数亿人在通过电视直播观看这一激动人心的场景。他沿着梯子走下来，揭开了一块安装在登月舱下降段上的纪念牌，纪念牌上面写着：

公元 1969 年 7 月，

来自地球的人类首次踏上月球。

我们为全人类的和平而来。

阿姆斯特朗描述月球表面覆盖着粉末状尘土。在登月舱着陆六个半小时后，他在月球上迈出了第一步，并留下了流传至今的一句名言：

“这是个人的一小步，

却是人类的一大步。”

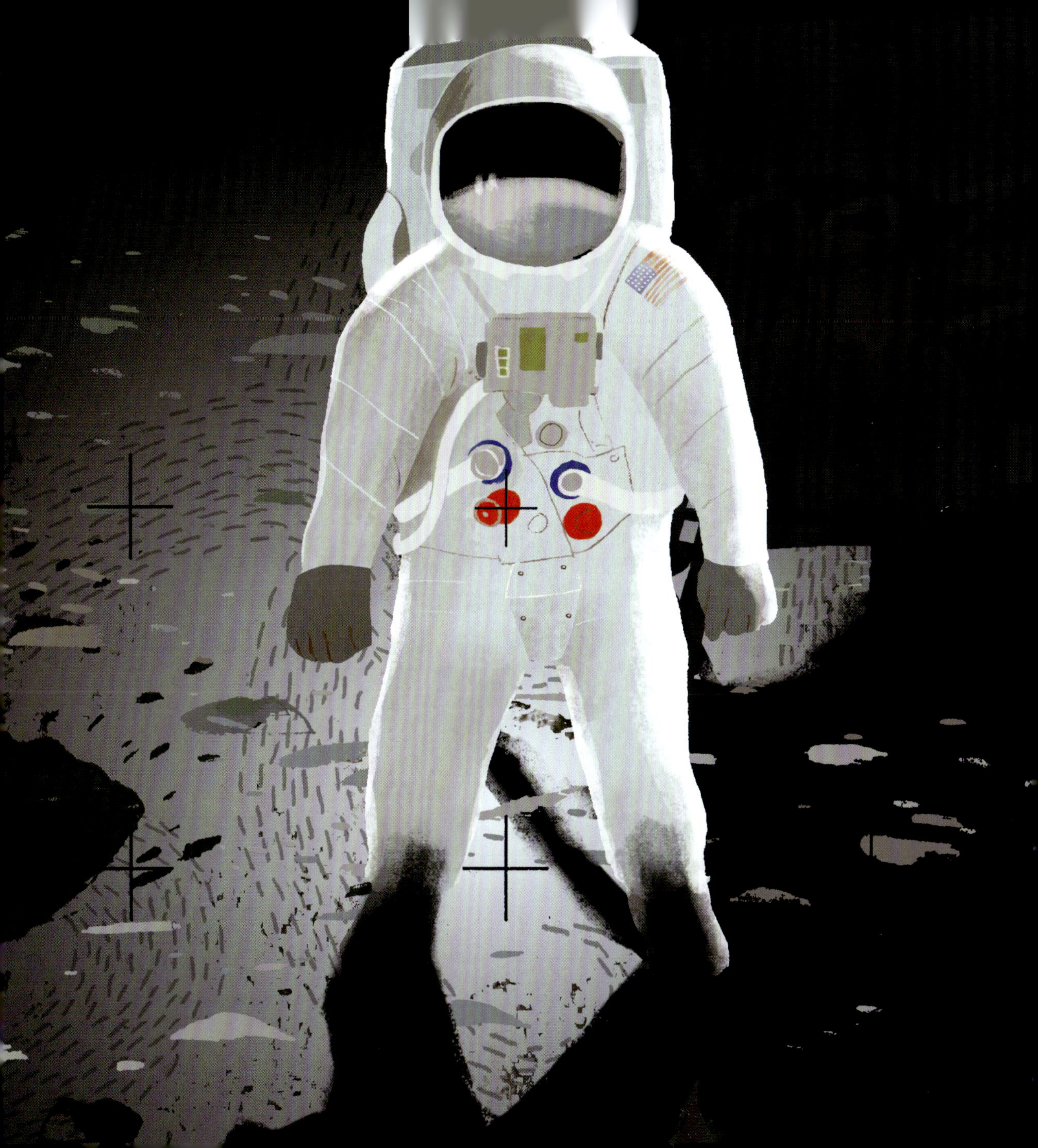

月球漫步

由于月球的重力只有地球重力的 1/6，阿姆斯特朗发现，在月球上行走十分轻松——虽然他走得很慢。他迅速采集了一些月球土壤样本，这样即便后续的月表作业意外终止，他们也有一定量的月壤样本能带回地球。将近 20 分钟后，奥尔德林才走出舱门。两名宇航员在月球表面插好一面特制的美国国旗后，接到了时任美国总统理查德·尼克松（Richard Nixon）从地球上打来的电话：

“为整个人类历史上这一极其重要的时刻，地球上所有的人都真正团结成为一体：一起为你们所做的事而自豪，一起为你们平安返回地球而祈祷。”

宇航员们从月球上带回了 21.55 千克的岩石和土壤。人们在这些样本中发现了三种新的矿物，其中一种以阿姆斯特朗、奥尔德林和柯林斯的名字命名为“阿姆奥尔柯尔矿石”。

阿姆斯特朗和奥尔德林在月表进行了一些实验并拍了照片。在月球上行走了两个多小时后，他们准备补充一些睡眠再起飞。两位宇航员休息了大约七个小时，随后被任务控制中心叫醒，开始为返回地球做准备。两个半小时后，阿姆斯特朗和奥尔德林搭乘鹰号的上升段成功升空，并与哥伦比亚号对接，柯林斯正在那里等着把他们接回家。

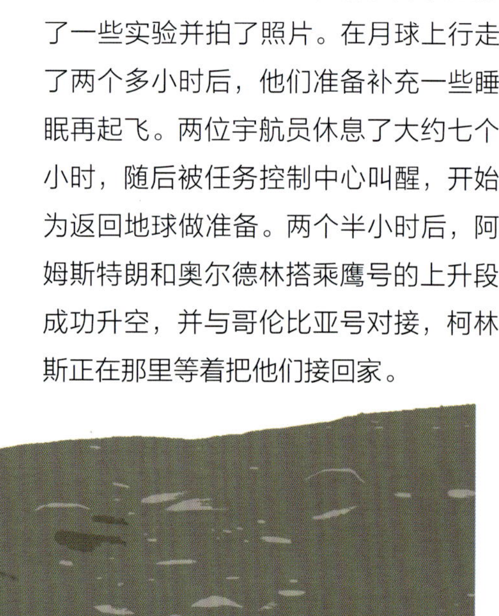

1969 年 7 月 23 日，宇航员们向在家中观看电视的人们发表了返航前最后一次广播讲话，并感谢每一个参与这次任务的人。

1969 年 7 月 24 日，太空之旅开始一个多星期之后，宇航员们乘坐哥伦比亚号返回地球。这又是一个令所有人紧张万分的时刻。最终阿波罗 11 号安全重返地球大气层，落入太平洋。宇航员们随后被救起，送到大黄蜂号搜救船上。

返回地球后，宇航员们被隔离了三个星期，以确保他们没有从月球上带回任何致病菌。1969 年 8 月 13 日，他们参加了纽约、芝加哥和洛杉矶的庆祝游行。他们成了美国的国家英雄。

接下来发生了什么？

美国人赢得了太空竞赛。那么，接下来发生了什么呢？尽管苏联在谢尔盖·科罗廖夫去世后就一直落后于美国，但是苏联的科学家们仍然渴望对月球有更多的了解。于是他们发射了许多无人探测器，代替人类探索月球……

苏联月球计划的一项重大成就是月球 16 号。1970 年 9 月，它成为首个登陆月球并带回月球土壤样本的机器人探测器。这个样本来自月球正面的一座月海——丰富海。这个珍贵样本中的一部分曾在 1993 年的纽约苏富比拍卖会上拍卖，仅 0.2 克的碎屑就以 442,500 美元的价格售出！

月球 16 号之后，苏联又发射了若干个无人月球探测器。其中，1972 年 2 月的月球 20 号和 1976 年 8 月的月球 24 号也都成功带回了月球样本。这三次任务总共带回了 300 克多一点的月球土壤样本。

当苏联忙于发射无人航天器时，美国的阿波罗载人飞行任务仍在继续。在阿波罗 11 号之后，还有五架阿波罗航天器成功登月，最后一次是 1972 年 12 月的阿波罗 17 号任务。

从很多方面看，阿波罗 15 号的任务都显得很重要。其任务类型称为“J 任务”，宇航员将在月球上度过比以往更长——共计三天——的时间。这让他们能够进行更多的实验。此外，这也是阿波罗任务第一次使用月球漫游车。这是一种由电池驱动的四轮车，可以搭载设备及两名宇航员在月球表面行驶。1971 年至 1972 年间的最后三次阿波罗任务都使用了月球漫游车。至今，这三辆月球漫游车仍在月球上。

更多月球任务

苏联在其月球计划中，使用无人航天器发射了几辆月球漫游车。第一辆月球车于1969年2月发射升空，但因火箭在发射几秒钟后解体而被炸毁。后来的月球车1号和2号则分别于1970年和1973年成功登上了月球。科学家远程控制这些车辆探索月球表面，并拍摄照片。

1975年7月，美国与苏联合作开展了阿波罗－联盟测试计划。这是美苏的第一次联合航天飞行，标志着两国糟糕的政治关系的结束。

首先，苏联的联盟19号航天器于7月15日搭载两名宇航员进入绕地轨道。七个半小时后，美国发射了载有三名宇航员的阿波罗航天器。7月17日，两架航天器成功对接，对接状态持续了两天时间，其间双方共同展开了各种实验。此次任务为未来的联合航天飞行提供了宝贵的工程经验。这也是美国宇航员唐纳德·斯莱顿的唯一一次太空飞行——此前他因为健康原因一直被禁飞到1972年。

阿波罗－联盟测试计划是美国1981年4月实现第一次航天飞机飞行之前的最后一次载人航天任务。航天飞机计划，或称空间运输系统（STS），开始于1981年，终止于2011年，该计划的实施是美国对低成本太空旅行的尝试。航天飞机从未真正登上过月球，但是它们可以重复使用，多次进入绕地轨道。

此后，日本也开始了对月球的探索。日本宇宙科学研究所（ISAS）建造的“飞天”航天器于1990年1月24日发射升空。这是第一个由日本发射的月球探测器，也是第一个由苏联和美国之外的国家发射的月球探测器。探测器飞掠月球上空，最初遇到一些问题，后来终于进入绕月轨道，直到1993年4月10日按计划撞向月球表面。

1994年1月25日，美国发射了克莱门汀号探测器。这是弹道导弹防御组织（BMDO）和NASA之间的一个联合太空项目。探测器用了约两个月时间绘制月球地图，拍摄了超过180万张数字图像。科学家对克莱门汀号发回的数据进行了研究，他们发现月球极地陨石坑可能有冰存在的迹象。NASA在后来的月球勘探者任务中证实了这一点。

第八章

回到地球

借助望远镜测绘月球

17世纪初，依托望远镜的发明，天文学家终于能够绘制出包含月球表面地貌特征的月面详图——他们甚至为月球表面的各个部分都起了名字。

1609 年，意大利天文学家伽利略成为最早将望远镜指向月球的人之一，并绘制了月面详图。就在几个月前，英国天文学家托马斯·哈里奥特（Thomas Harriot）也已经开始通过望远镜研究月球，遗憾的是，他从未公布过他的发现。1609 年，伽利略创制了自己的第一台望远镜，而后又进行了改进，使之具有更好的光学效果。1610 年，他发现了月球上的山脉和环形山。他在一本名为《星际使者》的小册子上，发表了他绘制的月球山脉和环形山的草图。

哈里奥特和伽利略使用的第一代望远镜视野狭窄，通过它们每次只能看到月球的一小部分——这让他们的工作更加令人钦佩。

荷兰天文学家米迦勒·弗洛伦特·范朗伦（Michael Florent van Langren）于 1645 年绘制的月面图，被认为是第一张真正的月球地图。此外，范朗伦还是第一个给月球的亮区和暗区命名的人——他将亮区标记为“terra”（意为陆地），将暗区标记为“mare”（意为海洋）。他还用皇室成员、著名天文学家和数学家的名字命名了一些环形山。

1647 年，波兰天文学家约翰内斯·赫维留斯（Johannes Hevelius）发表了一部可与范朗伦的月球地图匹敌的作品，名为《月面图解》。这是第一本全面的月球地图集。他甚至在屋顶上建造了自己的天文台！他的作品对当时的欧洲天文学家产生了广泛的影响，在长达一个多世纪的时间里，他的月球地图集都被视为可靠的参考资料。

赫维留斯给月球的山脉、“海洋”和环形山起了许多新的名字——有的是借用了地球上的名字，比如阿尔卑斯山。其中一些名称至今仍在使用，但绝大多数已被意大利天文学家乔瓦尼·里乔利（Giovanni Riccioli）在 1651 年出版的《新天文学大成》中的命名系统所取代。“静海”是最早由里乔利命名的一个月球地名。

月球的图像

此后，天文学家为月亮上的山脉、“海洋”和环形山取了更多的名字。德国天文学家约翰·施勒特尔（Johann Schröter）1791 年出版的《月面地形片段》一书中，收录了非常详细的月球地图。1787 年，他发现了月球上的一条弯曲山谷。这条山谷后来被命名为“施勒特尔月谷”。山谷的起点被昵称为“眼镜蛇头”，因为它看起来有点像蛇！

精确的月球地图

第一张精确的月球地图《月面图》于 1834—1836 年间分四部分出版。它是由富有的德国银行家威廉·贝尔（Wilhelm Beer）和德国天文学家约翰·梅德勒（Johann Mädler）联合绘制的。他们都认为月球上没有大气层或水，不过后来的研究推翻了这一结论。

第一张月球照片

第一张月球的照片是 1839 年由法国发明家路易·达盖尔（Louis Daguerre）使用他发明的达盖尔银版摄影法拍摄的。不幸的是，几个月后，他的实验室被一场大火烧毁，这张历史图片也毁于一旦。1840 年，英裔美国科学家约翰·威廉·德雷珀（John William Draper）再次使用银版摄影法拍摄了月球，这是现存最早的月球照片。

巨大的望远镜

1959 年 9 月，一个直径 76.2 米的巨型白色“大碗”——洛弗尔望远镜协助跟踪了月球 2 号探测器，并证实它已经成功地坠落在月球上。该望远镜坐落在英国曼彻斯特的焦德雷尔班克天文台，在太空时代初期，它曾被用于跟踪太空探测器。

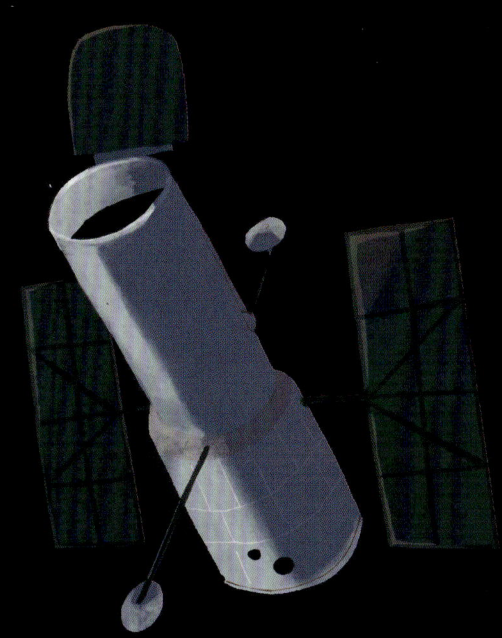

有些望远镜已经进入了太空！NASA的哈勃空间望远镜于1990年被发射到近地轨道，已经拍摄了一些我们已有的最清晰的太空照片。

过去，NASA曾使用哈勃望远镜在月球上寻找氧气源。氧气对生命至关重要，亦可充当火箭燃料。哈勃望远镜利用紫外线来寻找含氧的矿物。由于紫外线被地球大气阻挡，地面上的望远镜不能用这种方式观察月球表面。

第九章

今天的月球

“高龄”的月球

月球已经 45 亿岁了，“高龄”的它在天空中还好吗?

信不信由你，天文学家已经在月球表面发现了“皱纹”。这些皱纹被称为“叶状悬崖”，是月壳上的一种地质构造。科学家在 NASA 的月球勘测轨道飞行器（LRO）拍摄的高清照片中发现了这些悬崖。

天文学家认为，叶状悬崖是由于月球正在缩小而形成的。跟地球一样，月球最初形成时，有一个非常热的内核，这导致它向外膨胀。而后，随着月核逐渐冷却，月球开始收缩。最新的发现表明，这一过程可能仍在继续。

LRO 拍摄到了 14 个新的悬崖。它们的特征非常清晰，没有陨石坑痕迹，因此科学家认为这些悬崖的年龄可能不超过 10 亿年，甚至只有 1 亿年——听起来很古老，但这个时间还不到月球当前年龄的 1/4，因此从月亮的角度而言，这是很近期才发生的事情。

这些悬崖中，最大的高约 90 米，长达数千米，而其余大部分都没有那么长、那么高。许多悬崖呈半圆形或叶状，这就是它们被称为“叶状悬崖”的原因。

阿波罗宇航员留在月球上的地震仪记录了月震。大部分的月震是由于昼夜温度的变化、地球的引力或流星和小行星的撞击造成的；不过科学家们还认为，有些月震可能是由于叶状悬崖的形成引起的！

月球正在远离地球

你知道吗？月亮离我们越来越远了。每年它都会悄悄向远离地球的方向移动约 3.8 厘米，这个速度与我们指甲的生长速度大致相同。

科学家认为，月球最初形成时，距离地球比现在要近得多——大约 22,500 千米。把这个数字与现在月球到地球的平均距离——大约 384,400 千米相比，就不难看出它移动了多少。

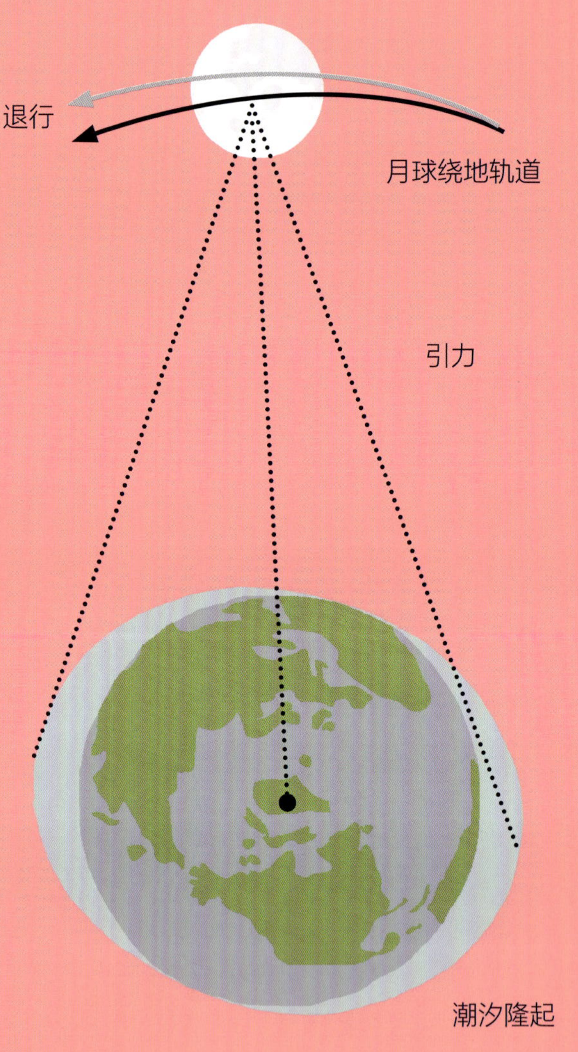

月球为什么在渐渐远离地球？

月球渐行渐远主要是由地球的潮汐引起的。我们知道，在地球引力的作用下，月球一直保持在绕地轨道上运动；同时，月球对地球也有引力，从而引起了潮汐或潮汐隆起。

由于地球自转的速度（每 24 小时旋转一周）比月球环绕地球公转的速度（每 27.32 天一周）要快，因此潮汐隆起会通过向前拉动月球来“加速”它的运动。这使得月球进入更高的轨道，从而离地球越来越远。这个过程被称作退行。

这就像坐旋转飞椅。旋转飞椅转得越快，你就会感觉自己被向外抛得越远。相应地，月球对地球的潮汐隆起有反作用力，进而减缓了地球的自转速度。

这对地球上的生命有何影响?

月球刚刚形成时，地球上的一天只有几个小时。然而，由于过去45亿年中月球使地球的自转速度不断变慢，一天的时间就变得长多了。想象一下，一个旋转的盘子如果转得太慢，会发生什么？它会开始摇晃！就地球而言，“摇晃”意味着它的倾斜角度发生变化，进而会影响我们的四季，导致冬天极寒、夏天奇热。

作为人类，我们或许能适应这种变化，但野生动物可能就没那么幸运了。谁知道呢？或许几十亿年后，人类可能会生活在别的星球上呢……

此外，随着时间的推移，月球本身也出现了轻微的“倾斜”，这意味着在远古时期，月亮上的“人”看上去可能会和现在有点不同。据说他翘高了鼻子，对地球不屑一顾！

科学家们认为，这种变化是月幔里的火山活动造成的。当月幔升温膨胀，熔岩从月面喷发出来后，它的密度会降低——想象一下，如果将一个正在空中旋转的足球切掉一大块，会发生什么。倾斜角度的变化也会影响月球的北极和南极——由于太阳光照射在月球上的角度发生了改变，远古时期的极点已经融化了。

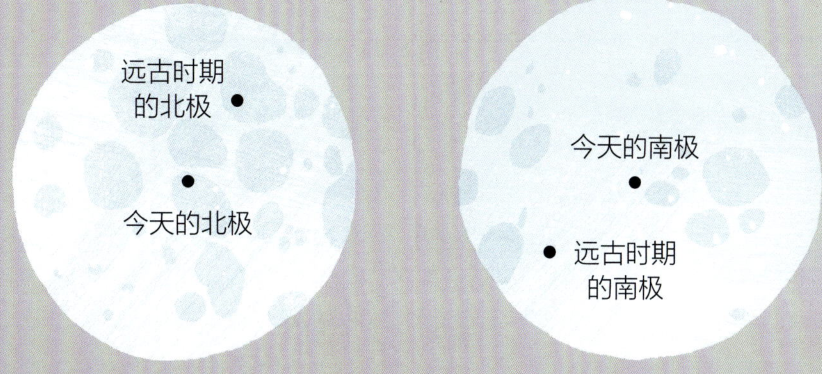

谁在探索月球?

今天，人类依旧对月亮着迷。虽然阿波罗计划之后，人类至今没有再次踏足月球，但仍有许多国家在继续月球探索。科学家希望有朝一日我们还能将人类送上月球，甚至在月球上居住……

欧洲空间局（ESA）是一个致力于太空探索的跨国合作组织。它由包括法国、德国、意大利和英国等在内的22个成员国组成。2003年9月27日，该机构将智慧1号（SMART-1）月球探测器发射到绕月轨道——这是它的首次探月任务。该任务一直持续到2006年9月3日，其目标是测试新技术，并考察月球的起源、它的火山活动以及水资源存在的可能性。

曙光计划是由欧洲空间局于2001年发起的载人航天计划。其目标之一是发展人类太空飞行，进而考察人类能否在其他行星或卫星上居住和生活。欧洲空间局曾表示，人类有望在2025年以月球为中转站，前往火星。

2007年9月14日，日本宇宙航空研究开发机构（JAXA）发射了无人月球轨道探测器辉夜姬号——辉夜姬是日本民间传说中月亮公主的名字。

该任务是自阿波罗计划以来规模最大的探月任务。在收集了有关月球起源及演化的数据后，探测器于2009年6月坠落在月球表面。该任务还包括两颗小型子卫星（分别名为“翁”和“妪”，也都是传说中的人物），它们的工作是绘制月球的引力场图。

2024年初，JAXA的第一架无人登月探测器成功在月表着陆。智能登月探测器（SLIM）旨在通过使用与面部识别系统相同的技术识别月球陨石坑，从而准确地定位登陆位置。日本希望借助该探测器研究利用月球上的材料和环境的可能性，这或将为其2025年后的载人航天计划做好铺垫。

中国探月工程（CLEP）

中国探月工程，又称“嫦娥工程”，是中国国家航天局发起的一系列探月任务的总称，发射的航天器类型包括月球轨道器、着陆器和月球车，以及采集月球样本的航天器等。2007 年 10 月 24 日，中国发射了其第一颗无人月球轨道器——嫦娥一号。

嫦娥一号绘制了迄今为止最详细的月球表面 3D 地图。它于 2009 年 3 月 1 日撞向月球表面。嫦娥三号则由一个软着陆器和中国首辆月球车组成。它于 2013 年 12 月 14 日在月球着陆——这是继 1976 年苏联的月球 24 号之后，首个在月球软着陆的航天器。

CLEP 的标志看起来像是弯月中有两个人类的脚印，代表了该工程的目标之一：在 2030 年前，再次让人类登上月球。

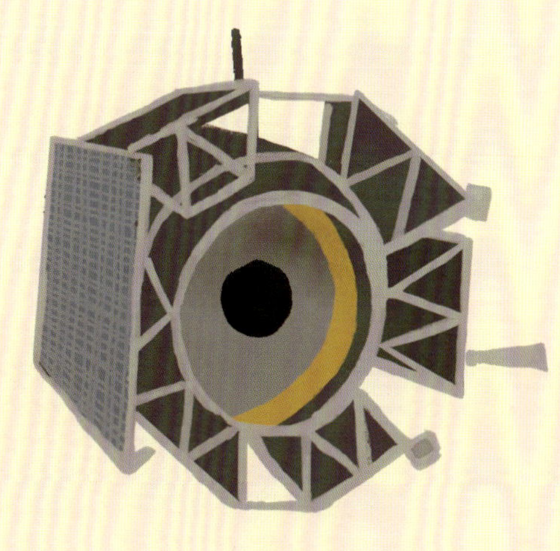

印度空间研究组织（ISRO）

2008 年 10 月 22 日，印度空间研究组织发射了他们的第一个月球探测器——月船 1 号，它由一个无人月球轨道器和一个撞击探测器组成。月船 1 号是第一个在月球表面正式发现水的月球探测器。

月船 1 号携带的 NASA 的一些仪器在月球的南极和北极检测到了水冰。它还发现，月球上普遍存在着水资源——因为它在月球的土壤中检测到了水分子。这个发现非常重要，它表明在未来的某一天，人类或许可以在月球上长时间停留，并建造可供居住的月球基地。

月球陨坑观测与遥感卫星（LCROSS）

2009 年 6 月，NASA 发射了一个无人航天器——月球陨坑观测与遥感卫星，以便对月船 1 号在月球上发现水这一成果做进一步的探究。它与月球勘测轨道飞行器一起发射，并成功确认月球南部的凯布斯环形山中确实存在水冰。该结果可能推动美国建设月球基地的计划。

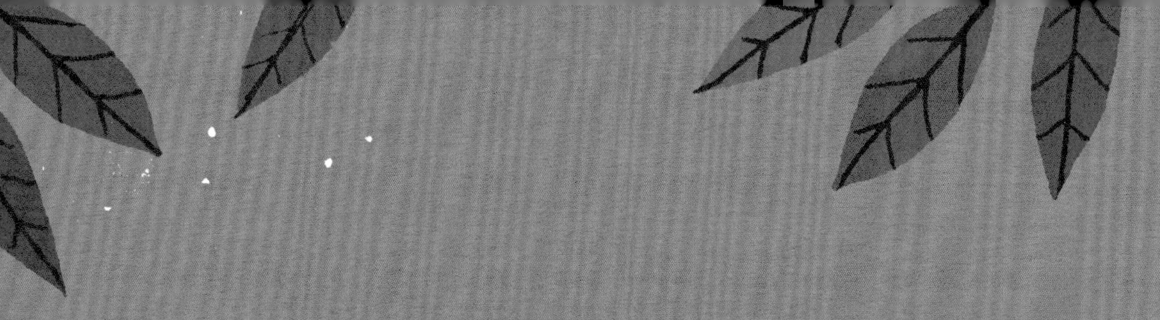

第十章

月球与未来

在月球上生活

随着科技的进步，以及气候变化和资源短缺导致的对未来的担忧，在月球上建立居住基地的想法似乎并非遥不可及。

NASA 曾认为，到 2022 年，人类就可以实现移民月球的计划，或者至少能够建立一个初步的月球基地——最多可以容纳十个人，然后在接下来的十年内再建立一个可容纳百人的定居点。

成本高昂一直是人类自 1972 年以后再未登上月球的主要原因（按今天的货币计算，阿波罗计划耗资超过 1500 亿美元）。但 NASA 认为，现在只需花费 100 亿美元就可以把一小组宇航员送上月球，花 400 亿美元就可以建立一个长期的月球基地。

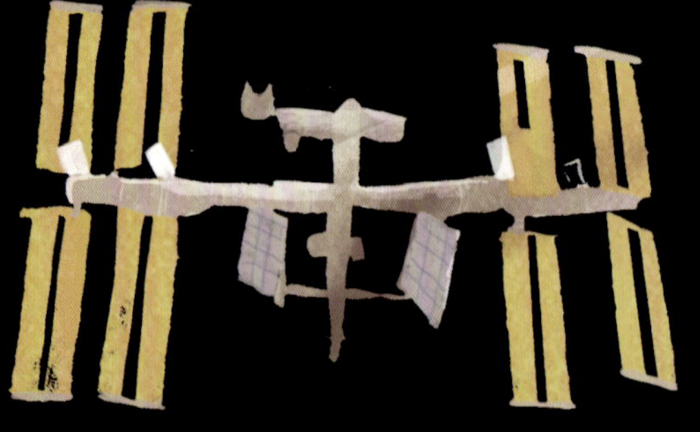

如何做到？

今天，很多必需的技术在国际空间站以及地球上，都已得到实现。

国际空间站是世界上最大的空间科学国际合作项目，参与项目的国家包括美国、日本、加拿大、俄罗斯和部分欧空局成员国。

无人驾驶汽车和生态厕所技术能在加以改进后用于人类在月球上的生活。勘测机器人可以通过分析月球表面及其可用资源，来精准确定建立月球基地的最佳地点。国际空间站上维持宇航员生命的水和空气循环系统也有利用价值。

人类的第一个月球基地可能会使用机器人和3D打印技术来建造。机器人可以依照3D数字模型，用月球土壤逐层打印来建造基地。另一个可选方案是充气式房屋或帐篷。

人们甚至认为可以把植物种植在月球基地中的沙子或碎石里，并利用罗非鱼（一种环境适应能力很强的鱼）的排泄物给植物施肥！

如果工程建设能与商业活动结合起来，月球基地就有望收回成本。其中一种方案是开采月球两极中的水冰资源，将其制备成火箭推进剂。这些燃料可以卖给太空机构，用于未来的太空探测任务——比如前往火星。建立月球基地的理想地点之一是月球的极点——也许可以仿照地球上的南极站的样子来建造。

月球上最重要的资源之一是太阳光及其转化而来的太阳能！在地球上，太阳能电池板会受到天气和夜晚的影响，而绕月轨道上的太阳能集热器则可以全天候收集太阳的能量。有科学家认为，人们可以利用月球自身的资源，在月球上的工厂里制造太阳能电池板。如果这种能源可以出售的话，所获得的利润就能用来支付月球基地的部分建设费用。甚至有人认为，在未来人类能够制造出可以自我复制的太阳能电池板，将它们送入绕地轨道，就能为地球上的我们提供电力。

许多业内人士认为，建立月球基地是实现未来载人火星探测任务重要的第一步。在人类登上火星之前，月球基地可以成为科学家们进行科学研究和测试新技术的好地方。

回顾与反思

对我们大多数人来说，月亮仍然保持着一种神奇和神秘的特质，这意味着我们还会继续了解它、探索它，也许有一天，在它上面定居……

月亮在世界各地的文化中扮演着许多不同的角色。它是艺术的灵感来源，是文学的永恒主题，在戏剧和电影中也占有重要位置。人们还编写出了很多关于月亮上的“人”和“兔子”的神话，甚至将它当作神明来崇拜！

月亮为科幻小说提供了灵感，科幻小说又进而启发了现实生活——比如火箭的开发——并最终引发世界超级大国间的太空竞赛。月亮一直处于人们热议的中心。

正如月有圆缺，我们对月亮的看法也是不断变化的。一方面，我们将它与繁衍和重生联系在一起；另一方面，我们又认为它要对人们的不稳定行为、疾病甚至是死亡负责。

月亮有黑暗而神秘的一面，虽然它的黑暗面也不是那么黑暗。无论如何，对地球而言，月球是一位必不可少的伙伴，它让地球保持适当的自转角度，并为海洋带来潮汐变化，进而帮助我们安排时间和历法，甚至影响了动物的生物钟。

在人们眼中，月亮曾经是赏心悦目、完美无瑕的，但望远镜为我们开启了新的视野。事实上，科学家和思想家们已经揭示了许多关于月亮的隐秘真相。也许，是他们真正“照亮”了月球……

人类已经向月球发射了很多东西：火箭、卫星、硬着陆器、软着陆器，其中有无人的，也有载人的。利用这些工具，我们不断对月球进行着探测、分析和研究。在这一过程中，有几位勇敢的宇航员献出了自己的生命，也有一些动物成了牺牲品——都是以科学的名义。然而，目前所做的一切，还远远不能满足我们对月亮的好奇心。

月球并不真的像我们想象中那样万古如初，它正在变老、萎缩，甚至出现“皱纹”。

月亮是我们在太阳系中最近的邻居，它与我们的关系如此紧密，以至于有人认为它曾经是地球的一部分。其实，我们脚下的地球就如同我们向往的月球一样神奇——如果你站在月球的“正面”，也会看到地球的盈亏以及不同的“地相”。

或许我们只会欣赏远方的美，却往往看不到身边的奇迹……

我们一路走来是为了探索月球，
然而最重要的事情是我们发现了地球。

——阿波罗 8 号宇航员威廉 · 安德斯

（William “Bill” Anders）

图书在版编目（CIP）数据

月亮之书 / (英) 汉娜 · 潘著 ; (英) 托马斯 · 海格布鲁克绘 ; 高爽，李淳译 . — 上海 : 上海社会科学院出版社，2024
书名原文 : The Moon
ISBN 978-7-5520-2627-6

Ⅰ . ①月… Ⅱ . ①汉… ②托… ③高… ④李… Ⅲ . ①科学知识—学前教育—教学参考资料 Ⅳ . ① G613.3

中国版本图书馆 CIP 数据核字（2019）第 028324 号

Original title: The Moon
First published in Great Britain 2018 by Little Tiger
An imprint of Little Tiger Press Limited
1 Coda Studios, 189 Munster Road, London SW6 6AW

Illustrations by Thomas Hegbrook

上海市版权局著作权合同登记号：图字 09-2018-1206 号

月亮之书

著　　者：[英] 汉娜 · 潘
绘　　者：[英] 托马斯 · 海格布鲁克
译　　者：高　爽　李　淳
责任编辑：周　霈
特约编辑：刘　名　韩礼蔓
装帧设计：刘邵玲　徐小雨
出版发行：上海社会科学院出版社
上海市顺昌路 622 号　邮编 200025
电话总机 021-63315947　销售热线 021-53063735
https://cbs.sass.org.cn　E-mail: sassp@sassp.cn
印　　刷：北京汇瑞嘉合文化发展有限公司
开　　本：787 毫米 ×1092 毫米　1/16
印　　张：11.25
字　　数：166 千
版　　次：2024 年 5 月第 1 版　2025 年 2 月第 2 次印刷

ISBN　978-7-5520-2627-6/G · 833　　定价：108.00 元